Hadwiger • Hippler • Lotz   Kaffee • Gewohnheit und Konsequenz

Peter Hadwiger • Jochen Hippler • Helmut Lotz

Kaffee

Gewohnheit und Konsequenz

Gemeinsam herausgegeben mit der
Gesellschaft zur Förderung
der Partnerschaft
mit der Dritten Welt

2. überarbeitete Auflage

Edition diá · St. Gallen/Wuppertal

Wir danken Eberhard Bügner, Jan Hissel, Karl Linnartz, Gerd Nickoleit, Sabine Schütz, Ulrike Schymanski und Jutta Warda, die in der einen oder anderen Form mitgeholfen und zum Entstehen dieses Buches beigetragen haben.

2. überarbeitete Auflage Oktober 1984
Originalausgabe

Umschlagentwurf: Hans-Peter Kaeser, Typograf ASG, CH-9000 St. Gallen, unter Verwendung eines Plakates zur Kaffeewerbung um 1910
Gestaltung: Georg Plange, D-4300 Essen
Satz: Fotosetzerei Bärbel Hoheisel, D-4600 Dortmund
Druck: F. L. Wagener, D-4920 Lemgo
Bindung: Klemme & Bleimund, D-4800 Bielefeld
ISBN: 3 905482 03 7 (2. überarbeitete Auflage)
(ISBN: 3 9800306 2 8 Erstausgabe in der Edition Marandú, Wuppertal)

Bitte fordern Sie unser Gesamtverzeichnis an:
Edition diá, Postfach 47, CH-9013 St. Gallen
Edition diá, Postfach 101 625, D-5600 Wuppertal 1

Inhalt

Vorwort

Kaffee ist aufregend. Nicht nur als aufputschendes Erfrischungsgetränk, sondern auch als umsatzträchtiges Produkt auf dem Weltmarkt.
War er im 17. Jahrhundert noch das bevorzugte Genußmittel der aufstrebenden Bürgerlich-Intellektuellen, die in erlauchten "Herrenrunden" in Kaffeehäusern neueste kulturelle, politische und wirtschaftliche Tendenzen diskutierten, so ist sein Genuß heute allgemein verbreitet. Er reicht vom ausgedehnten "Kaffeeklatsch" mit Hilfe von Törtchen und Likören über den stündlichen Muntermacher für erlahmende Büroangestellte oder immer auf Hochtouren laufende Manager bis hin zum schnellen "Kaffee zwischendurch" bei Tchibo, einer Kaffeehochburg unserer Zeit.
Aber Kaffee ist nicht nur für seine Genießerinnen und Genießer aufregend. Er läßt vor allem den Puls der Kaffeehändler und Börsenspekulanten höher schlagen, die Nutznießer des weltweiten Kaffeehandels sein wollen. Der Wert des jährlich umgesetzten Kaffees beträgt mehr als 10 Milliarden Dollar. Damit ist er nach dem Erdöl der zweitwichtigste Rohstoff und stärkster Devisenbringer für lateinamerikanische Militärdiktaturen.
Keineswegs aufregend, sondern lebensnotwendig ist der Umgang mit ihm jedoch für Kaffeebauern und Plantagenarbeiter. Für sie gehört Kaffee in ganz anderer Weise zum Leben als für uns. Während Mißernten und Überschüsse Kaffeehändlern und Spekulanten die Geldbeutel füllen, bedeuten sie für kleine Kaffeeanpflanzer und Plantagenarbeiter den Ruin.
Das Buch, in fünf Kapitel gegliedert, schildert den Weg des Kaffees von seiner Entdeckung bis zum Lieblingsgetränk der Deutschen heute, den Weg vom Samen bis zur Kaffeebohne, den Weg von der Dritten Welt hin zu uns. Dem Kaffee wird seine Exotik genommen, eine Exotik, die den Blick verstellt für Realitäten.
Wir wollen nicht die Lust an einer Tasse Kaffee nehmen, plädieren aber dafür, ihn bewußter zu trinken.
Die Idee zu diesem Buch ist schon etwas älter. Im Sommer 1981 riefen viele entwicklungspolitische Gruppen zu einem Kaffeeboykott auf. Vorbereitung und vor allem Durchführung zeigten, wie wenig man über Produktion und Welthandel wußte oder darüber, wo sich Ansatzmöglichkeiten für Veränderungen bei uns befinden.
Um Einsichten und Handlungsmöglichkeiten zu erweitern, gab der Informationsausschuß der GEPA/Aktion Dritte Welt Handel den Auftrag für dieses Buch.

Die Autoren
Juli 1983

Kaffee: Trinken

Das berühmte Kaffeh-Haus in Paris.

Ursprung des Kaffees

Der eigentliche Ursprung des Kaffees, des Anbaus wie des Genusses, ist nicht vollkommen geklärt. Abessinien – die Gegend des heutigen Äthiopien – wird genannt, ebenso Arabien oder Ägypten, Persien oder Indien. Heute herrscht die Meinung vor, daß die Kaffeekultur ihren Ursprung in der Provinz Kaffa – also in Abessinien – hat und erst von dort nach Arabien gebracht wurde. Vielleicht haben sogar die Äthiopier selbst die Kaffeepflanze mitgenommen, als sie einen ihrer Kriegszüge nach Jemen unternahmen.

Wenn sie ihn vielleicht auch nicht erfunden haben, so erwarben sich die Araber doch große Verdienste um die schnelle Verbreitung des Kaffees. Die Nomaden tranken überall, wo immer sie auch ihre Zelte aufschlugen, dieses neue, heiße und schwarze Getränk. Das arabische Reich war groß; es reichte von den Pyrenäen bis ans Kaspische Meer, weiter bis an die Grenzen Chinas und bis hin zu den Dardanellen. Man sprach arabisch und imitierte in der sogenannten feinen Welt die arabischen Sitten. Ebenfalls sorgten Kriege, Beutefeldzüge und Eroberungen für die Weiterverbreitung des Kaffees. Auf diese Weise kam der Kaffee auch zu den Türken. Nun dauerte es nicht mehr lange, bis der *Kaweh* im ganzen Orient getrunken wurde. Man würzte ihn mit Kardamom, Anis oder Nelken und trank ihn aus kleinen Porzellanschälchen.

" 'Kaffee' ist einwandfrei ein Produkt arabischer Herkunft und bezeichnet als *gahwa* ein pflanzliches Getränk. Der weitere Weg des Wortes führt über die Türkei *(kahve)* nach Südwesteuropa und dort zu Formen wie italienisch *caffé*, französisch *café*, spanisch *café* usw. Unabhängig entlehnt sind niederländisch *Koffie*, englisch *coffee*. Während im deutschen und weiteren nordgermanischen Sprachraum das romanische Wort *Café* entlehnt und eingegliedert wurde, setzte sich zum Beispiel im Russischen die englisch-niederländische Entlehnung durch: *kophe*." (1)

Kaffee in Europa

In Europa ist Kaffee erst seit etwa 300 Jahren von Bedeutung. Bei seiner anfänglichen Verbreitung wird ab Mitte des 17. Jahrhunderts Kaffee zum Luxusgetränk der höfischen Gesellschaften. Kaffee wird zur Mode des Adels, der seine Gäste in orientalischen Gewändern empfängt. Von Madame Pompadour weiß man, daß sie Kaffee besonders liebte und ihren Mokka in stilechter arabischer Umgebung genoß. Darunter verstand sie Haremsatmosphäre und eine schwarze Nubierin, die das Getränk in türkischen Tassen servierte.

Die Adelsgesellschaft ist fasziniert von der arabischen Kultur und ergötzt sich daran, bei Geschichten aus "1001 Nacht" Kaffee von schwarzen Sklaven serviert zu bekommen. In diesen Geschichten wird auch von der Entdeckung des Kaffees erzählt.

Aus dem Jahre 1671 stammt die von Faustus Naironi in Latein verfaßte Legende über den Kaffee: Er berichtet, daß ein Hirte die Mönche eines Klosters in Abessinien aufgesucht hatte, um sie um Rat zu bitten. Er hatte festgestellt, daß die Ziegen seiner Herde, die in der Nähe des Klosters ihren Weideplatz hatten, in der Nacht munter herumsprangen, und nicht wie üblich schliefen. Die Mönche kamen nach sorgfältiger Überlegung zu dem Schluß, daß die Ursache nur in der Nahrung zu suchen sei. Sie folgten also dem Hirten zum Weideplatz der Ziegen. Dort beobachteten sie, daß die Tiere Beeren eines wildwachsenden Baumes fraßen und vermuteten, daß diese Beeren das seltsame nächtliche Verhalten der Tiere bewirkten. Um den Verdacht zu überprüfen, nahmen die Mönche einige Beeren mit ins Kloster. Da die rohen Früchte mit ihrem harten Kern ziemlich ungenießbar schienen, kochte man sie und trank den entstandenen Aufguß. Die Wirkung war angenehm belebend. Von dieser Zeit an bedienten die Mönche sich dieses Getränks, um während der nächtlichen Gebetsübungen die Müdigkeit zu vertreiben.

Diese Legende gibt es in verschiedenen Versionen. So waren es zum Beispiel Kamele statt Ziegen und

(1) "Kaffee & Tee-Markt", Heft XXVI/10 vom 21. Mai 1976. Seite 11

mohammedanische Mönche statt christlicher, die die Wirkung des Kaffees entdeckten.
Die Gewohnheit des Kaffeetrinkens verbreitet sich allmählich über den ganzen Mittleren Osten. Im Verlauf des 16. Jahrhunderts dringen die braunen Bohnen über die alten Karawanenstraßen bis hin zur Türkei nach Westen vor. Von dort aus erreicht die Mode des Kaffeetrinkens Europa. Das erste Kaffeehaus in Europa wird 1645 in Venedig errichtet. Andere Städte folgen: London 1652, Marseille 1659, Den Haag und Amsterdam 1663, Paris 1675, Hamburg 1679, Wien (die später "klassische" Kaffeehaus-Stadt) im Jahr 1683, Leipzig 1694, Stuttgart 1712, Berlin 1721. Diese Kaffeehäuser werden zu beliebten Orten für gemütliche Treffen und Geschäftsgespräche. Die Zusammenstellung zeigt uns, mit welcher Geschwindigkeit das duftende Getränk Europa erobern konnte, wobei man bedenken muß, daß die Eröffnung der Kaffeehäuser die Einführung des Kaffees im öffentlichen Ausschank bedeutet; anzunehmen ist, daß er in den Königshäusern und in der wohlhabenden Gesellschaft schon vor dieser Zeit begeisterten Anklang gefunden hat.
Kaffee wird zum Symbol des Reichtums, da er sehr teuer ist. Jeder, der Geld besitzt, umgibt sich mit einer ausgeprägten Kaffeekultur, hält sich schwarze Sklaven und stattet seine Gemächer mit Baldachinen und Teppichen nach arabischen Vorbildern aus.
Die Händler wußten schon damals den Umsatz durch großzügige Werbegesten zu stimulieren. So wurde in Paris Kaffee von einem Türken eingeführt. Er brachte ein größeres Quantum Kaffee mit, "welches er am Hofe Ludwigs XIV. sowie an befreundete Privatleute verteilte. Die Damen gewöhnten sich an das Getränk, genossen es nebst einem Stückchen Zucker und konnten bald ohne dasselbe nicht mehr existieren." (2)
Das aufgeklärte Bürgertum pries den Kaffee als Mittel gegen Alkoholismus, Trunksucht und Ausschweifung. Der Kaffeetrinker war der Inbegriff des bürgerlichen Ideals: Er ist geschäftstüchtig und vernünftig.
"Zeitungsschreiber, Geldverleiher, Kaufleute, Handwerker und bürgerliche Künstler fielen vom exzessiven Bier- und Weinkonsum nach und nach ab. Ernüchterung, auf weltliche Zwecke gerichtetes Denken und ein immer deutlicherer, streitbarer Wille räumten nun erstmals mit dem bis dahin herrschenden religiös-berauschten Bewußtsein gründlich auf." (3)
Die überall entstehenden Kaffeehäuser werden zum Treffpunkt des Bürgertums. In London treffen sich Händler, Handwerker und andere Stände in ihren Kaffeehäusern. Das Kaffeehaus — für Männer reserviert — wird zum Ort, an dem Geschäfte abgeschlossen, Handelsnachrichten ausgetauscht und Zeitungen redigiert werden.
Ein Kaffeehaus in London — "*Lloyd's Coffeehouse*" — "entwickelt sich schnell zu einem Treffpunkt für Leute, die mit der Schiffahrt zu tun haben: Kapitäne, Schiffseigner, Kaufleute, Versicherungsagenten. Man geht zu Lloyd's, um die neuesten Branchennachrichten zu hören. Lloyd selber gibt von Zeit zu Zeit eine Art Nachrichtendienst mit solchen Informationen heraus, '*Lloyd's News*'.
Das Geschäft mit den Nachrichten floriert und übertrifft bald den Umsatz, der mit dem Kaffeeausschank gemacht wird. Unter Lloyd's Kundschaft macht sich insbesondere eine Gruppe immer breiter, die Versicherungsagenten." (4)
Im 18. Jahrhundert wird aus diesem Treffpunkt der Versicherungsagenten die heute noch größte Versicherung der Welt, die unter anderem auch die Seetransporte aus den Kolonien in das britische Mutterland versicherte.
Die in alkoholischer Benebelung dahindämmernde Menschheit wird mit Hilfe des Kaffees zu bürgerlicher Vernunft und Geschäftigkeit erweckt — so etwa lautet der Tenor der Kaffeepropaganda im 17. Jahrhundert. In England bemächtigt sich die Poesie der Puritaner dieses Gegenstandes, wie zum Beispiel in dem folgenden 1674 anonym erschienenen Gedicht:

"Nachdem das süße Gift des tückischen Weins
die Welt geschändet hatte
und unsere Vernunft und unsere Seele
in überschäumenden Pokalen ertränkte ...

(2) S. A. Schwarzkopf, Der Kaffee. Weimar 1881
(3) Manfred Pichler, Cafe Colonial. In: "Palaver", Heft 2/83. Seite 78
(4) Wolfgang Schivelbusch, Das Paradies, der Geschmack und die Vernunft. Eine Geschichte der Genußmittel. Carl Hanser Verlag, München/Wien 1980. Seite 59 ff

Als das trübe Ale unreine Dünste
in unser Hirn steigen ließ
schickte uns der Himmel
diese heilsame Frucht ...
Der Kaffee erreicht uns, dies bedeutende und
heilsame Getränk
dem Magen wohltuend, den Geist erquickend
das Gedächtnis stärkend, den Traurigen
aufheiternd
die Lebensgeister erweckend, ohne übermütig zu
machen." (5)

Im 18. und 19. Jahrhundert weitet sich der Kaffeegenuß auch auf die niederen Stände aus, so die Arbeiterschaft. Kaffee wird als regelmäßige Ration an die Truppen ausgegeben.
Er dient den ärmeren Schichten dazu, lange monotone Arbeiten, wie Spinnen oder Weben im Haus, zu unterbrechen. Oft wird der Kaffee nicht getrunken, sondern als Kaffeesuppe gegessen, in die man Brot brockt. In Form von Kaffeemus dient er dann als Ersatz für das Mittagessen. Reiner Kaffee dient als Luxusgetränk für den Sonn- und Feiertag oder für Gäste.
" 'Es ist erwiesen, daß der Kaffee die Völker nüchtern macht', heißt es bei James Howell 1660, 'während Handwerker und Kaufmannsgehilfen früher Ale, Bier und Wein als Morgentrunk genossen, sich dadurch einen dumpfen Kopf holten und zu ernsthaften Geschäften unfähig wurden, haben sie sich jetzt an diesen wachhaltenden bürgerlichen Getrank gewöhnt.' " (6)

In einem alten Kinderlied heißt es:

C. A. F. F. E. E.
Trink nicht so viel Caffee
Nicht für Kinder ist der Türkentrank
schwächt die Nerven, macht dich blaß und
krank
Sei doch kein Muselmann
der das nicht lassen kann ...

Kaffeekonsum heute

Seit Beginn dieses Jahrhunderts nimmt Kaffee mehr und mehr die Rolle eines Stimulans, einer heimlichen Volksdroge ein. Ist heute ein Leben ohne Kaffee vorstellbar?

In der Arbeitspause:
"Jetzt brauch' ich erst mal einen Kaffee."
Auf der Straße:
"Kommst du mit ins Café?"
Zuhause:
"Trinkst du noch einen Kaffee mit?"

"Kaffee hält uns fit!" — so ein Buch aus der Zeit des bundesdeutschen Wirtschaftswunders.

"Kaffee ist der Gegenpol des Alkohols, Kaffee ist der Gegenpol der 'geistigen Getränke'. Kaffee ist das vergeistigende Getränk. Kaffee regt die Lebensgeister an, während Alkohol sie einschläfert. Kaffee ist ein Stimulans. Für Unzählige ist Kaffee heute nicht nur ein Genußmittel, sondern in gewissem Sinne Nahrung. Kaffee ist für Unzählige unentbehrlich.
Gerade in dieser Hinsicht ist die Bedeutung des Kaffees wesentlich. Die Anforderungen, die das Leben heute an uns stellt, sind so, daß wir Sorge tragen müssen, nicht nur unsere körperlichen, sondern auch unsere geistigen und seelischen Kräfte rege zu halten. Nicht dopen sollen wir unseren Körper mit Mitteln, deren Wirkung auf die Dauer nur schädlich sein kann, aber die Spannkraft erhalten mit natürlichen Mitteln. Eine gute Tasse Kaffee kann da oft Wunder wirken." (7)
Tatsächlich haben viele Menschen das Gefühl, daß der Kaffeegenuß wesentlich zu ihrem körperlichen Wohlbefinden beiträgt. Darüber hinaus erfüllt der Kaffee heute noch immer eine offensichtlich soziale Funktion, wenn auch eine deutlich andere als an den Fürstenhöfen oder in den Kaffeehäusern früherer Jahrhunderte. Heute dient Kaffee nicht selten dazu, "Gemütlichkeit" herzustellen — oder was man dafür halten mag. Der Kaffeetisch im Rahmen der Familie, der "Kaffeeklatsch" mit

(5) *Wolfgang Schivelbusch, a.a.O. Seite 45 ff*
(6) *Wolfgang Schivelbusch, a.a.O. Seite 29*
(7) *Gerhart Söhn, Kleine Kaffee-Kunde. Hamburg 1956. Seite 10*

Freunden, "Kaffee und Kuchen" bei Geburtstags- oder sonstigen Feiern haben nicht nur Bedeutung als Form von Nahrung und Genuß, sondern sind zugleich Anlaß und Gelegenheit für Gespräch, Meinungsaustausch und Kommunikation.
Gemeinsames "Kaffee-Trinken" kann als Ausdruck der Gastfreundschaft genutzt werden, als Möglichkeit zum "Schwatz", allgemein zur Erzeugung eines Gefühls von Gemeinsamkeit oder Verbundenheit.
Diese sozialen Funktionen, gemeinsam mit den körperlich und seelisch stimulierenden Wirkungen des Kaffees, erklären zum großen Teil die Beliebtheit und den Verbreitungsgrad dieses Getränks.
In der Bundesrepublik stieg der Kaffeeverbrauch pro Kopf in den letzten Jahren um 3 bis 5 Prozent jährlich an, ungeachtet der Rezession. Das sind 1982 rund 200 Liter im Jahr, während er 1979 noch bei 187 Litern gelegen hatte. Berücksichtigt man nur die Bevölkerung über 15 Jahren, so ergibt sich für 1982 ein täglicher durchschnittlicher Kaffeekonsum pro Kopf von 3,9 Tassen. (8)
Davon werden etwa 1,5 Tassen täglich zum Frühstück, fast 1,2 Tassen am Nachmittag getrunken, der Rest verteilt sich auf den übrigen Tag. Am höchsten ist der Kaffeekonsum in der Altersstufe von 30 bis 50 Jahren. Im Norden der Bundesrepublik wird deutlich mehr Kaffee getrunken als im Süden (etwa ein Drittel mehr pro Person), außerdem steigt der Verbrauch deutlich mit der Höhe des Einkommens. Acht Prozent der Deutschen trinken ihren Kaffee schwarz, 44 Prozent bevorzugen ihn braun und süß, fast die Hälfte der Kaffeetrinker ergänzt ihn entweder durch Milch oder durch Zucker. (9)
Die Steigerungsraten des Kaffeekonsums sind beachtlich: Entfielen 1950 nur rund 1 Kilogramm Kaffee pro Jahr auf jeden Bundesbürger, so waren es 1982 bereits 7 Kilogramm.

Bundesrepublik Deutschland: Getränkeverbrauch (1983)

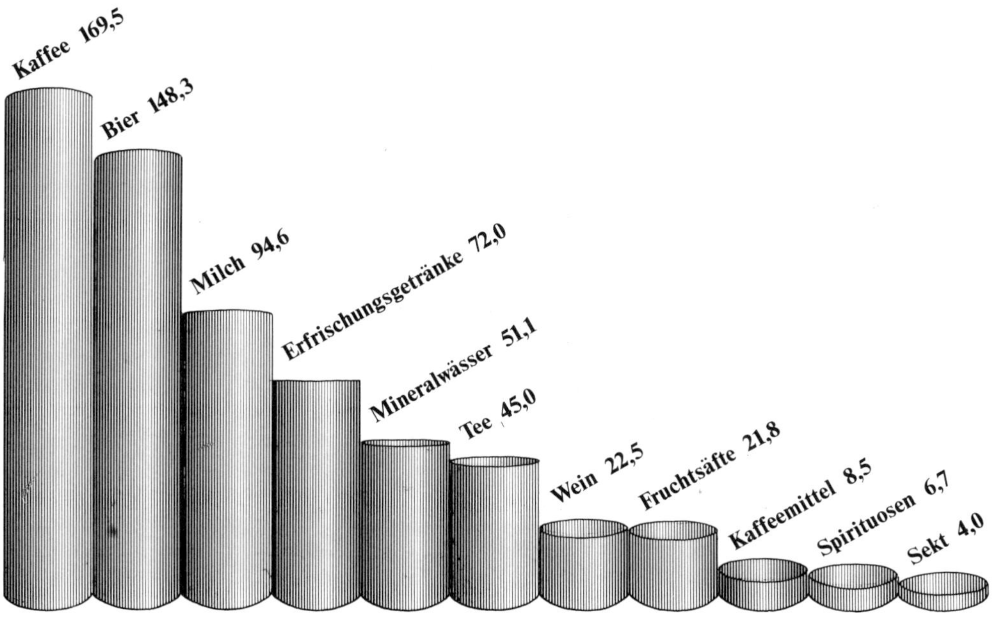

Fast zwei Liter Flüssigkeit pro Tag — so viel benötigte 1983 jeder Bundesbürger, um seinen Durst zu löschen (Leitungswasser nicht mitgerechnet). Aufs ganze Jahr gerechnet, ergibt das einen Pro-Kopf-Getränkeverbrauch von 644 Litern. Den größten Anteil daran hatte der Kaffee. Mit fast 170 Litern je Einwohner ist er das Lieblingsgetränk der Deutschen. (10)

---

(8) *Angaben nach: Deutscher Kaffeeverband. Und: "Kaffee & Tee-Markt", Heft XXXIII/1 vom 7. Januar 1983. Seite 3*
(9) *Angaben nach: "Kaffee & Tee-Markt", Heft XXXIII/1 vom 7. Januar 1983. Seite 3*
(10) *Angaben nach: "Kaffee & Tee-Markt", Heft XXXIV/7 vom 6. April 1984. Seite 15*

Selbst 1977, als die Kaffeepreise weltweit nach einem Ernteausfall kurzzeitig auf ungeahnte Höhen kletterten und in den anderen europäischen Ländern der Kaffeekonsum drastisch zurückging, tranken die Bundesdeutschen nach wie vor ihren Kaffee. Die Kaffeeindustrie freute sich, mußte sie doch nicht wie in anderen Ländern mit Absatzeinbußen rechnen.

Bestandteile und Verarbeitung

Mischen

Ein wichtiger Faktor für den Kaffeekonsum und die Marktstruktur liegt natürlich in seinem Geschmack. Voraussetzung für einen guten Kaffee ist eine gute Kaffeebohne oder eine gute Mischung von Kaffeebohnen verschiedener Provenienzen, Sorten und Qualitäten. Jeder Kaffeeröster legt Wert darauf, eigene Kaffeemischungen zu haben. Dafür verwendet er meistens mittel- und südamerikanischen (vor allem brasilianischen) Kaffee, den er bisweilen mit afrikanischen und indischen Kaffeesorten mischt. Beim Zusammenstellen der Mischung nimmt man Rücksicht auf den Verwendungszweck: Milchkaffee, Espresso, Mokka oder andere Zubereitungsarten.

Rösten

Ein weiterer Vorgang, der für die Qualität des vom Konsumenten zu erwerbenden Kaffees von entscheidender Bedeutung ist, besteht im Rösten des Rohkaffees. Erst durch das Rösten entwickelt der Kaffee sein Aroma, seinen typischen Duft und seine kaffeebraune Farbe. Beim Röstvorgang werden die ätherischen Öle frei, die den Duft und den Geschmack des Kaffees bestimmen.
Die Großbetriebe der Kaffeebranche verwenden heute Röstanlagen, in welchen Zeitdauer und Röstgrad elektronisch gesteuert werden. In der kleinen Kaffeerösterei, in der noch hin und wieder ein Blick durch das Schaufenster erlaubt ist, arbeitet der Fachmann auch heute noch weitgehend mit den Augen. Er muß aufmerksam darauf achten, daß der Kaffee genau den gewünschten Röstgrad erreicht; die Bohne muß gleichmäßig durchgeröstet sein. Bei zu hohen Temperaturen würden die Bohnen an der Oberfläche reißen. Bei Kaffeemischungen wird der Röstvorgang noch schwieriger: Es gibt Sorten, die sich in der Röstdauer vertragen, andere benötigen aber ganz verschiedene Röstzeiten.
Mit den in den Haushalten früher üblichen Kaffeeröstpfannen dauerte der Röstprozeß zwischen einer Viertelstunde und zwanzig Minuten. Moderne Rösteinrichtungen erlauben es jedoch, je nach Röstgrad und Rösttechnik, diese Zeit bis auf sechs Minuten zu verkürzen. Bei 100 Grad Celsius nehmen die Kaffeebohnen eine hellgelbe Farbe an. Bei 150 Grad Celsius werden sie hellbraun und plustern sich auf; sie verströmen bereits jetzt den spezifischen Kaffeegeruch. Die normale Rösttemperatur liegt zwischen 200 und 250 Grad Celsius. Sobald die Bohnen den gewünschten Röstgrad erreicht haben und eine dunkelbraune Farbe aufweisen, werden sie aus der Rösttrommel in ein Sieb geschüttet und möglichst rasch abgekühlt, damit sie nicht mehr in ihrer eigenen Temperatur weiterrösten. Der Kaffee verliert beim Rösten 16 bis 18 Prozent seines Gewichtes. Dafür gewinnt er bis zu 25 Prozent an Volumen.
Gerösteter Kaffee war bisher nicht lagerfähig: ein Grund dafür, daß die Entwicklungsländer bisher keinen gerösteten Kaffee für die Industrieländer produzieren konnten. Nur bei Pulverkaffee ist eine unbegrenzte Lagerung möglich.
Frisch gerösteter Kaffee ist nur ein bis zwei Wochen röstfrisch, danach verliert er allmählich an Geschmack. Nach etwa einem Jahr ist er verdorben. Früher wurde aus diesem Grunde Kaffee erst kurz vor dem Verkauf oder dem Verbrauch geröstet, zuhause oder in kleinen Röstereien am Ort.
Die neuen Verpackungstechnologien, die CO-2-(Haltbarkeit: ein halbes Jahr) und die Vakuum-Verpackung (Haltbarkeit: ein bis eineinhalb Jahre) verlängern den Frischezeitraum, da die Alterung des gerösteten Kaffees auf der chemischen Reaktion der Aromastoffe mit Sauerstoff basiert. Dadurch ist es prinzipiell heute möglich geworden,

Kaffee im Ursprungsland auch zu rösten. Die Entwicklungsländer aber verfügen weder über die Technologie noch über die Vertriebskanäle im Verbraucherland.
Hohe Zölle auf importierten Röstkaffee — wie auch auf Pulverkaffee — beschneiden diese Möglichkeit zusätzlich. So schützt der Zoll die bestehende Weiterverarbeitung in den Industrieländern und verhindert die Weiterverarbeitung in den Erzeugerländern — eine geschickte wirtschaftspolitische Maßnahme auf Kosten der Entwicklungsländer. (11)

Bestandteile des Kaffees

Im Kaffee finden sich neben Koffein, Nikotinsäure, Fetten und Lipoiden (12) als natürlichen Bestandteilen auch Rückstände von Chemikalien, die beim Kaffeeanbau benutzt werden, beispielsweise in Pflanzenschutzmitteln. Solche Pestizide sind zweifellos gesundheitlich bedenklich, wenn ihre Häufigkeit und Konzentration im Kaffee auch noch zu wenig untersucht worden sind, um über ihre Wirkung präzise und endgültige Aussagen machen zu können. Der Deutsche Kaffeeverband merkt dazu an, daß "die im Rohkaffee gelegentlich in sehr geringen Mengen enthaltenen Pestizide größtenteils durch den Röstprozeß abgebaut werden und zu einem weiteren Teil im Kaffeesatz zurückbleiben." (13)
Die folgende Übersicht nennt die wichtigsten Bestandteile des Kaffees:

Inhaltsstoffe des Röstkaffees (Mittelwerte für einen Arabica-Kaffee normaler Röstung)

scheinbares Eiweiß	9,00 %	
scheinbare Kohlenhydrate	24,00 %	
Fette und Lipoide	13,00 %	
Säuren	4,50 %	
Coffein	1,20 %	
Nicotinsäure	0,02 %	
Mineralstoffe (Asche)	4,00 %	
Wasser	2,50 %	
flüchtige Aromastoffe	0,10 %	
unbekannte Substanzen	35,00 %	(14)

"Der wegen seiner pharmakologischen Wirkung am längsten bekannte Inhaltsstoff des Kaffees, das Coffein, ist ein farb- und geruchloses, leicht bitter schmeckendes Pulver mit der chemischen Bezeichnung 1,3,7-Trimethylxanthin. Coffein kommt außer in Kaffee auch in Tee, Guarana, Maté und Colanüssen vor und ist identisch mit dem schon frühzeitig daraus isolierten Tein bzw. Guaranin. Bei der üblichen Filterkaffee-Zubereitung im Haushalt gehen ca. 22 Prozent der Inhaltsstoffe des Röstkaffees in den Aufguß über." (15)

"Bei der Wirkung des Coffeins muß man — wie bei allen Stoffen — unterscheiden zwischen akuten und chronischen Vergiftungen. Einmalige akute Vergiftungen wurden bisher nur durch Selbstmordversuche und ärztliche 'Kunstfehler' bekannt, bei denen die betreffenden Personen jeweils große Mengen reinen Coffeins zu sich nahmen bzw. gespritzt erhielten. In diesen Fällen ist eine tödliche Vergiftung möglich.
Die tödliche Dosis liegt für den Menschen bei etwa 10 Gramm. Um sich mit Coffein umzubringen, müßte man in sehr kurzer Zeit etwa 100 Tassen Kaffee trinken. Die Halbwertzeit des Coffeins im Körper, also die Zeit, in der jeweils die Hälfte der vorhandenen Menge abgebaut wird, beträgt zwischen drei und fünf Stunden, ist also sehr kurz. Es findet keine Anreicherung im Körper statt; über Nacht ist das Coffein nahezu vollständig aus dem Körper verschwunden." (16)
"Das Coffein bedingt die anregende Wirkung des Kaffees, indem es das Gefäß- und Nervensystem beeinflußt. Durch Erweiterung und damit bessere Durchblutung der Gehirngefäße zusammen mit einer Erregung des Zentralnervensystems beseitigt es die Müdigkeit und steigert die Arbeitsleistung. Bereits in geringen Mengen stimuliert Coffein die Insulinsekretion der Bauchspeicheldrüse. Die phenolischen Inhaltsstoffe des Kaffees wirken gallentreibend und fördern die Darmperistaltik (Darmbewegungen). Daher wird auch ein ursächlicher Zusammenhang zwischen Kaffeekonsum und Magengeschwüren vermutet, er ist jedoch nicht bewiesen..." (17)

(11) Angaben nach: Michael Sivetz u.a., Coffee Technologies. Westpoint / Connecticut 1979
(12) Lipoide oder Lipide: fettähnliche Substanzen
(13) Deutscher Kaffeeverband, Jahresbericht 1981
(14) Katalyse-Umweltgruppe Köln (Hg), Chemie in Lebensmitteln. Frankfurt 1982. Seite 294 Anmerkung: Die Addition der genannten Prozentzahlen ergibt keine 100 Prozent. Vergleiche mit anderen Untersuchungen weisen nach, daß der Anteil der Kohlehydrate bei rund 30 Prozent liegt.
(15) Katalyse-Umweltgruppe Köln, a.a.O. Seite 295
(16) Katalyse-Umweltgruppe Köln, a.a.O. Seite 295 ff
(17) Katalyse-Umweltgruppe Köln, a.a.O. Seite 296 ff

Neben der Möglichkeit einer Verursachung oder Förderung von Magengeschwüren existieren Anhaltspunkte, daß Koffein folgende weiteren negativen gesundheitlichen Auswirkungen hat: Begünstigung von Arteriosklerose (Arterienverkalkung), Schlafstörungen, sowie eine Beeinflußung der Entwicklung des Fötus bei Schwangerschaft.
In allen Fällen dieser möglichen Gesundheitsschäden sind die Forschungen allerdings noch nicht weit genug fortgeschritten, um die vorliegenden Verdachtsmomente eindeutig zu beweisen oder zu widerlegen.
Der Direktor des *Center for Science in the Public Interest*, M. Jacobson, formulierte, man sollte "schwangeren Frauen raten, Coffein zu vermeiden, genauso wie man ihnen rät, keine Medikamente zu nehmen." (18)

Löslicher Kaffee

Wie für die Zubereitung eines gerösteten Kaffees ist auch für die Herstellung von löslichem Kaffee die Mischung der Kaffeebohnen ausschlaggebend. Meistens werden Mischungen aus brasilianischen, zentralamerikanischen und afrikanischen Sorten verwendet. Auch hier ist das Rösten einer der wichtigsten Prozesse. Sobald die Kaffeebohnen den richtigen Röstgrad erreicht haben, werden sie sofort abgekühlt und gemahlen. Dann wird der Kaffee extrahiert. Im Grunde genommen ist es der gleiche Vorgang wie bei der Zubereitung von Kaffee im Haushalt. Letzte Etappe in der Herstellung von löslichem Kaffee ist das Trocknen des Kaffee-Konzentrates. Nach dem älteren Verfahren einer konventionellen Sprühtrocknung wird die Flüssigkeit in einem heißen Luftstrom zerstäubt. Dabei wird den kleinen Kaffeetröpfchen das Wasser augenblicklich entzogen. Die zurückbleibenden feinen Pulverteilchen stellen das Endprodukt dar. Es wird sofort maschinell in Gläser oder Büchsen abgepackt, und diese werden hermetisch verschlossen. Dieses Verfahren ist technisch relativ einfach, das so gewonnene Kaffeepulver tendiert allerdings beim Konsum dazu, Klümpchen zu bilden, wenn es mit kochendem Wasser übergossen wird.

Ein neueres, teureres und energieaufwendigeres Verfahren besteht in der sogenannten "Gefriertrocknung".
Die Herstellung von gefriergetrocknetem oder "lyophilisiertem" Kaffee ist bis zur Fabrikation des Kaffee-Extraktes gleich wie beim löslichen Kaffee. Statt nun aber dem flüssigen Kaffee-Konzentrat das Wasser im Heißluftstrom zu entziehen, wird der Extrakt auf mindestens minus 40 Grad Celsius gefroren, worauf ihm das Wasser im Vakuum durch Sublimation entzogen wird. Nach dem Wasserentzug wird der Kaffee-Extrakt auf normale Temperatur zurückgebracht. Er behält seine Frische und Güte, bis er in der Tasse wiederum mit Wasser aufgegossen wird.

Reizstoffarmer Kaffee

Werden dem Kaffee seine Reizstoffe teilweise entzogen, so bezeichnet man ihn als reizstoffarm.
Es ist bekannt, daß bestimmte Inhaltsstoffe des Kaffees Magen, Darm und Galle beeinflußen können. Personen mit empfindlichem Magen leiden nach Kaffeegenuß häufig unter Sodbrennen. Die Ursache ist den Röstreizstoffen zuzuschreiben und besonders der dünnen Wachsschicht, die die Kaffeebohne überzieht. Als weitere Ursachen werden Fette und Säuren wie Kaffeegerbsäure und Chlorogensäure genannt. Um auch diesem Personenkreis den Kaffeegenuß zu erhalten, sind verschiedene Verfahren vorgeschlagen worden, die eine bessere Bekömmlichkeit des Kaffeeaufgusses gewährleisten. Schon lange bekannt ist die Dampfbehandlung des Rohkaffees nach Lendrich und das Bach-Verfahren durch Behandlung des gerösteten Kaffees mit flüssiger Kohlensäure. Beim sogenannten "Kofrosta-Verfahren" zum Beispiel werden mit Hilfe eines Kälteschocks bei 60 atü und durch flüssige Kohlensäure die unbekömmlichen Röstreizstoffe entfernt.
Der so behandelte Kaffee ist weit besser bekömmlich. Der reizstoffarme Bohnenkaffee weist jedoch den vollen Koffeingehalt auf und ist deshalb koffeinempfindlichen Personen nicht zu empfehlen.
Der Marktanteil solch eines behandelten milden,

(18) Katalyse-Umweltgruppe Köln, a.a.O. Seite 298

reizstoffarmen Kaffees lag 1983 in der Bundesrepublik bei 8 Prozent. (19)

Naturmilder Kaffee

Die "Naturmilden" erreichten 1983 einen Marktanteil von rund 11 Prozent. "Diese Kaffees sind nur bedingt den Gesundheitskaffees zuzuordnen. Sie bestehen überwiegend aus Provenienzen, die sich geschmacklich an die Mild-Behandelten anlehnen, sich jedoch hinsichtlich ihrer ernährungsphysiologisch relevanten Inhaltsstoffe nicht von Normalkaffee unterscheiden. Dieser Unterschied dürfte jedoch im Bewußtsein des Normalverbrauchers nicht gemacht werden." (20)

Entkoffeinierter Kaffee

Entkoffeiniertem Kaffee wurde zur Vermeidung von und zur Vorbeugung vor gesundheitlichen Schäden der Wirkstoff Koffein weitgehend entzogen.

"Der chemische Entdecker des Coffeins war F. F. Runge. Ihm gelang es, das Alkaloid Trimethylxanthin (chemische Bezeichnung für Coffein) von allen übrigen Substanzen der Kaffeebohne zu isolieren. Diese Entdeckung ermöglichte es, coffeinfreien Kaffee herzustellen. Doch erst nach vielen mühsamen Experimenten gelang es, ein wirklich befriedigendes Ergebnis zu erreichen, denn es war nicht einfach, dem Kaffee seine belebende Wirkung zu entziehen und gleichzeitig das volle Aroma beizubehalten. Dem berühmten Kaffeekaufmann Roselius gelang dies schließlich am Anfang unseres Jahrhunderts." (21)

Diese Entdeckung war geeignet, eventuelle gesundheitliche Schäden durch Koffeingenuß zu vermeiden. Zugleich fehlt dem koffeinfreien Kaffee allerdings seine stimulierende Wirkung und damit viel an seiner Attraktivität für den Kaffeetrinker.

Um dem Kaffee das Koffein zu entziehen, wird der grüne, ungeröstete Kaffee in rostfreien Stahlgefäßen vorerst mit Wasserdampf behandelt, damit die Bohnen aufquellen. Dann wird ein Lösungsmittel beigegeben, welches das in den Kaffeebohnen enthaltene Koffein löst, bis die Bohnen koffeinfrei sind. Das Lösungsmittel wird wieder abgesogen, und die Bohnen werden mit Wasserdampf gewaschen, getrocknet und wiederum in die Originalsäcke abgefüllt.

In der Regel liegt der Koffeingehalt des entkoffeinierten Kaffees nur noch bei 0,02 bis 0,05 Prozent.

Durch das Entkoffeinieren entsteht ein Gewichtsverlust von 5 Prozent, der allerdings teilweise durch einen kleineren Röstverlust kompensiert wird. Das so gewonnene Koffein wird in der pharmazeutischen und chemischen Industrie verwendet.

Der Konsumtrend für entkoffeinierten Kaffee ist steigend: 1983 hatte er in der Bundesrepublik einen Marktanteil von rund 14 Prozent gegenüber 11 Prozent im Jahr 1980, beides gemessen am Gesamtkaffeekonsum der BRD. (22)

Kurzzeitröstung

"In der letzten Zeit hat die Kurzzeitröstung an den Kaffeemärkten für viel Wirbel gesorgt ... Das größere Volumen und die höhere Ergiebigkeit, so loben die Röster ihre neuen Kaffees, helfen der Hausfrau sparen. Sparen wollten auch die Röstkaffee-Hersteller, und zwar am Rohkaffee-Einsatz ... Jetzt ist die Industrie soweit, ihre Spargedanken in die Tat umzusetzen. Das aber beobachten die Kaffeeanbauländer und die Internationale Kaffee-Organisation mit Sorge. Die Produktionsländer befinden sich ohnehin in einer schwierigen Lage. Fast alle leiden unter Finanznot und sind mehr denn je darauf angewiesen, ihre Deviseneinnahmen zu verbessern. Rohkaffee ist für die meisten von ihnen aber immer noch eine bedeutende Devisenquelle ... Jetzt müssen sie zusehen, wie in einigen Konsumländern dazu übergegangen wird, durch eine neue Rösttechnologie bei gleicher Ergiebigkeit den Einsatz an Rohkaffee herabzusetzen...

Bei ausschließlicher Kurzzeitröstung ergäbe sich rein rechnerisch für die Bundesrepublik eine Ein-

(19) Angaben nach: "Handelsblatt" vom 2./3. März 1984

(20) "Handelsblatt" vom 2./3. März 1984

(21) Stephanie Ruoff, Kaffee. Geschichte und Geschichten. Zandt 1980. Seite 13 ff

(22) Angaben nach: "Kaffee & Tee-Markt", Heft XXXII/15 vom 5. August 1982. Seite 15. Und: "Handelsblatt" vom 2./3. März 1984

sparung von sicherlich um 10 Prozent oder über 700.000 Sack der bisherigen Rohkaffeeimporte (1982: 7,25 Mio. Sack). Weltweit würde das bei einer Exportquote von 56 Mio. Sack mehr als 5 Mio. Sack bedeuten. Das Argument, daß durch die höhere Ergiebigkeit und den damit verbundenen Spareffekt die Kaffeetrinker zu mehr Konsum angeregt werden, wird nicht überall geteilt. Auch wenn kaum noch Zweifel daran bestehen, daß sich die Kurzzeitröstung durchsetzen dürfte, letztlich entscheidet der Verbraucher, wieviel von welchem Kaffee er wählt und ob er spart oder nicht... Kurzzeitgeröstet ist ein Kaffee, wenn die Röstdauer 3,5 Minuten und weniger beträgt. Der konventionelle Röstvorgang dauert bisher rund acht Minuten. Je kürzer die Röstzeit, umso mehr dehnen sich die Zellen der Kaffeebohne aus. Entsprechend größer ist das Volumen des gemahlenen Kaffees." (23)

"Die Internationale Kaffee-Organisation macht sich auch Gedanken über den Kaffeekonsum, für dessen Steigerung sie ebenfalls zu sorgen hat. Die Bundesrepublik ist nämlich nicht das einzige Land, in dem die Kurzzeitröstung angewandt wird. In den USA kam das erste Produkt (3,5 Minuten) bereits im Jahre 1978 auf den Markt. Jetzt ist die Technik so weit beherrschbar, daß mit ultrakurz-geröstetem Kaffee (1,5 Minuten) das Maximum an Ergiebigkeitssteigerung herausgeholt werden kann." (24)

(23) "Handelsblatt" vom 12. Januar 1984

(24) "Handelsblatt" vom 12. Januar 1984

Kaffee: Anbauen

Kaffeeanbau früher

Kaffee war nicht immer ein Welthandelsprodukt, das Armut für den Produzenten bedeutete. Erst mit der Entwicklung des Kolonialismus verbreitete sich der Kaffeestrauch über die Erde.
Ursprüngliches Kaffeeland war vermutlich Abessinien, das heutige Äthiopien, wo Kaffee noch immer wild wächst. Die damalige arabische Welt bezog ihren Kaffee aus dem Jemen, dessen Ausfuhrhafen Mocha dem Kaffee zu seinem Namen "Mokka" verhalf. So stammte auch der erste Kaffee, der in Europa getrunken wurde, aus arabischen Quellen. Schnell erkannten die europäischen Händler es als einträgliches Geschäft, den Kaffee selbst aus dem Jemen über die bekannten Gewürzhandelswege um Afrika herum nach Europa zu transportieren.

Die Perfektionierung des Kolonialismus. Beispiel: Java

Hatten die holländischen Händler wie die aller anderen europäischen Handelsnationen anfangs nur durch günstigen Handel, Ausschaltung der Konkurrenz oder auch durch Raub und Plünderung versucht, die profitträchtigen Handelswaren möglichst billig aus Ostindien (Gewürze) oder Arabien (Kaffee) zu erhalten, so begann mit der Verbreitung der Kaffeepflanze eine neue Phase des Kolonialismus. Mit dem Anbau des Kaffees auf Java ging man daran, ein gewinnversprechendes Handelsgut unter eigener Regie in den eigenen Kolonien anbauen zu lassen.
Die kolonialen Völker wurden nicht mehr nur beim Handel übervorteilt oder gewaltsam ausgeraubt, um von ihnen Gewürze, die in diesen Ländern schon lange kultiviert wurden, zu erhalten. Die Länder wurden nun auch in ihrer inneren Struktur verändert, indem man die Bauern dazu zwang, das Kolonialgut Kaffee für die Märkte Europas anzubauen. Der erste Schritt der Ausrichtung der Dritten Welt auf die Bedürfnisse Europas war damit vollzogen.

Ein Chronist der Jahrhundertwende schrieb:
"Im Jahre 1680 legte der holländische Gouverneur in Batavia, van Horn, den Grund zu den Kaffeepflanzungen auf Java, wozu er Samen aus Mocha kommen ließ. Die Pflanzungen gediehen vortrefflich und gaben einen außerordentlichen Ertrag an Früchten, so daß die Holländische Ostindische Kompanie ihren aus den dortigen Kaffeepflanzungen gezogenen Gewinn vorzugsweise dem Gouverneur zu verdanken hat." (1)
Nach der Zerstörung der ersten Anpflanzung durch ein Erdbeben war der erneute Versuch erfolgreich. Schon 1709 wurde der erste javanische Kaffee in Amsterdam verkauft.
Die Ausbeutungspraktiken der Kolonialherren waren einschneidend und von grundsätzlicher Bedeutung:
Die holländische Kompanie kaufte den Herrschern auf Java, deren Rechte sie anfangs nicht gewaltsam antastete, bestimmte Rechte über den Kaffeeanbau in barer Münze ab. Die javanischen Regenten behielten eine gewisse Unabhängigkeit, nutzten aber ihre Machtposition aus und ließen die javanische Bevölkerung Kaffee für die Holländer anbauen.
Die javanischen Bauern, als eigentliche Produzenten des Kaffees, mußten unentgeltlich auf den Plantagen der Residenten arbeiten oder wurden gezwungen, einen bestimmten Teil ihrer eigenen kleinen Anbaufläche, die dem Lebensunterhalt diente, mit Kaffee zu bestellen, den sie zu einem vorgeschriebenen Preis an die Holländer liefern mußten. Die Kompanie bezahlte für den Picol (à 125 Pfund) 4 1/2 Thaler, "allein die unglücklichen Einwohner erhielten davon nur 2 Thaler und mußten den Picol zu 180 Pfund anstatt zu 125 Pfund liefern. Dadurch gewannen der Kommissar (der Kolonialbeamte) und der Resident (das gekaufte traditionelle Oberhaupt) jeder jährlich ca. 100.000 Thaler. Statt dieses Unwesen zu steuern, legte die Regierung von Batavia (Kolonialregierung) dem Residenten jährlich ein Amtgeld von 25.000 Thaler auf. So nahm die Kompanie an dem Unterschleiße des Residenten selbst Theil und billigte damit denselben stillschweigend." (2)

(1) S.A. Schwarzkopf, Der Kaffee. Weimar 1881. Seite 10
(2) S.A. Schwarzkopf, a.a.O. Seite 10

Die Residenten aber verfügten noch über weitere Einkommen: Sie erhielten eine feste Summe von der Kolonialverwaltung für die abgekauften Hoheitsrechte und ein regelmäßiges Gehalt als Vertreter der Kolonialmacht auf Java. Diese Einkünfte ermöglichten den Residenten ein Leben im Luxus, das die Europäer förderten oder zumindest duldeten. Auch die Bauern, die per Dekret den Kaffee auf ihrem eigenen Land anbauen mußten, wurden schlecht bezahlt.

Die Profitspannen, die sich durch den Verkauf des so erzeugten Kaffees nach Europa ergaben, werden aus einer Berechnung des Jahres 1855 deutlich, einem Zeitpunkt, zu dem das Kaffeegeschäft mit Java nicht mehr so profitabel war, da die Holländer keine Monopolstellung mehr auf dem europäischen Markt besaßen:

"Die Gesamtkosten der Regierung an die Pflanzer beliefen sich auf ... etwas über 8 3/4 Florines = 14,80 Mark pro Picol, während der Verkaufspreis des Picol in den Niederlanden zu jener Zeit ca. 37 1/2 Florines = 63,75 Mark brutto oder 30 Florines = 51,34 Mark netto betrug." (3)

Diese Praktiken der Ausbeutung, der Zwang zum teilweisen Anbau von Kolonialprodukten für die Bauern und die Pflicht zur unentgeltlichen Arbeit auf den Plantagen der traditionellen Herrscher gefährdeten allmählich die Selbstversorgung der Bevölkerung mit Nahrungsmitteln, insbesondere mit Reis.

Ein Kritiker der holländischen Kolonialpraktiken beschrieb die Situation:

"Der Javane ist von Natur Landbauer; der Grund und Boden, auf dem er geboren ist, der viel verspricht für wenig Arbeit, lockt ihn dazu, und vor allem widmet er sich mit Herz und Seele der Bebauung seiner Reisfelder, worin er denn auch sehr geschickt ist.

Doch da kamen Fremde aus dem Westen, die sich zu Herren des Landes machten. Sie wünschten von der Güte des Bodens Vorteil zu ziehen und verlangten von dem Eingeborenen, er solle einen Teil seiner Arbeit und seiner Zeit der Erzeugung anderer Dinge widmen, die auf den Märkten Europas mehr Gewinn abwerfen würden.

Wohl wird also der arme Javane durch doppelte Gewalt vorwärts gepeitscht; wohl wird er von seinen Reisfeldern fortgezogen; wohl ist Hungersnot die Folge dieser Maßregeln; aber fröhlich flattern die Flaggen an Bord der Schiffe, die beladen werden mit den Ernten, die Niederland reich machen. Vor wenigen Jahren sind ganze Distrikte ausgestorben vor Hunger.

Aber dann hat sich das Mutterland mit der Sache befaßt. In den Sälen der Volksvertretung ist man damit unzufrieden gewesen, und der damalige Landvogt hat befehlen müssen, daß man die Ausbreitung der sogenannten 'Europäischen Markt-Produkte' nicht wieder bis zu einer Hungersnot fortsetzen solle." (4)

Kolonialwaren für Europa Beispiel: Ceylon

Auch auf Ceylon, dem heutigen Sri Lanka, wurde von der niederländischen Ostindischen Kompanie Kaffee eingeführt. Der Anbau wurde jedoch nicht ausgeweitet, da das Landesinnere unter dem Einfluß nationaler Regenten stand, der Anbau an der Küste aber unrentabel war.

Zudem war Zimt Exportprodukt Nummer Eins. Die holländische Kompanie hatte mit dem Exportmonopol auch das Weltmonopol, da Zimt nur auf Ceylon gewonnen wurde. Verkauf oder Export unter Umgehung der Kompanie wurden mit dem Tode bestraft. Mengenmäßig orientierte sich der Export am Weltkonsum; die Preise konnten so hochgehalten werden.

Verschiebungen der Machtverhältnisse in Europa brachten die Insel 1802 in englischen Kolonialbesitz. Die englische *East Indian Company* übernahm das Handelsmonopol.

Der billigere Anbau von Zimt in Indien und auf Java ließ die Preise rapide fallen. Die Weigerung der einheimischen Singhalesen, auf den Zimtplantagen zu arbeiten, und die dadurch entstehenden hohen Kosten für den Import von Arbeitskräften aus Indien, den Tamilen, machten die Vermarktung von Zimt immer unrentabler. Von 1835 bis 1855 fiel der Preis für Zimt auf ein Achtel, von 10 Shilling

(3) S.A. Schwarzkopf, a.a.O.
(4) Eduard Douwes Dekker, Max Havelaer oder die Kaffee-Versteigerungen der Niederländischen Handels-Gesellschaft. Halle 1900. Seite 66 ff

auf 1,25 Shilling. Dadurch wurde die Zimtproduktion auf Ceylon zunehmend unprofitabel.
In den karibischen Plantagen der Franzosen kam es aufgrund der dortigen sozialen Verhältnisse zu Sklavenaufständen. Dadurch wurde die gesamte Kaffeeproduktion der Welt, die damals zu etwa zwei Dritteln aus der Karibik kam, schlagartig reduziert. Gleichzeitig stieg nach Beendigung der Kolonialsperre der Kaffeekonsum in Europa stark an.

Das Zusammentreffen dieser Faktoren ließ es immer profitabler werden, auf Ceylon statt Zimt nun verstärkt Kaffee anzubauen. Dies löste einen ungeheuren Kaffeeboom aus. Plantagen schossen im Landesinneren wie Pilze aus dem Boden. Bodenspekulation war an der Tagesordnung. Die Kolonialregierung verkaufte sogenanntes *Crown-Land* (5) an Interessenten, die damit spekulierten und es gewinnbringend weiterverkauften.
Diese Entwicklung sorgte für einen zunehmenden Arbeitskräftemangel auf den Kaffeeplantagen.
Wie schon beim Zimtanbau ist "für die Kaffeekultur auf Ceylon der zeitweilige Mangel an Arbeitskräften ein großes Hindernis ... Die Eingeborenen, die Singhalesen, haben eine entschiedene Abneigung, sich auf Plantagen gegen Tagelohn zu verdingen ... Sie ziehen es vor, auf eigene Rechnung Reis

(5) Crown-Land: Land, das die Kolonialmacht zu ihrem Eigentum erklärt hat.

Kaffeeplantage im zentralen Hochland von Ceylon mit einer durch Wasser betriebenen Mühle

Sri Lanka: Exportmengen kolonialer Anbaugüter (1792-1932)

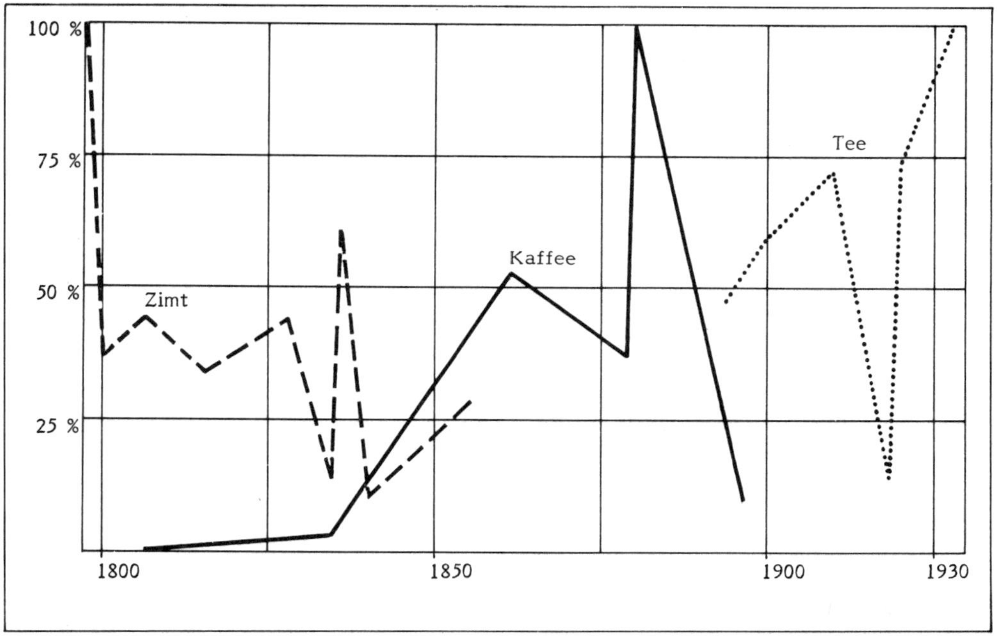

Anmerkung: Verschiedene Zahlenangaben für die Tabelle — so für Zimt ab 1850 und für Tee vor 1890 — sind nicht verfügbar. (8)

anzubauen ... Daher sind die Pflanzer angewiesen, Kulis von der Malabarküste (Tamilen) als Arbeitskräfte zu benützen." (6)
Die Kolonialregierung warb weitere Tamilen in Indien an, um sie den Pflanzern zur Verfügung zu stellen. Die Pflanzer mußten dafür eine jährliche Steuer für jeden beschäftigten Tamilen abführen. Mit dem Sinken der Steuern aus dem Kaffee-Export für die Kolonialregierung während einer Baisse (7) in Europa um 1840/1850 wurden zum Ausgleich Steuern auf Hunde und Feuerwaffen eingeführt. Auch die Unterhaltung der Straßen zum Abtransport des Kaffees konnte nicht mehr finanziert werden. So wurde jeder Singhalese verpflichtet, jährlich sechs Tage im Straßenbau mitzuarbeiten. Unmut über diese Maßnahmen, die nur der Entwicklung der Kaffeewirtschaft dienten, führten zur Revolte. Verwaltungsgebäude der Engländer und Plantagen wurden geplündert. Militär unterdrückte den Aufstand blutig.

Ab 1850 stieg die Nachfrage in Europa erneut — die Plantagen wurden wieder ausgeweitet.
Ab 1868 vernichtete der Kaffeerost, eine Blattkrankheit, die gesamten Kaffeeplantagen. Daraufhin wurden Tee- und Kautschukgewinnung intensiviert: Beide Produkte entwickelten sich zu neuen Exportgütern der Insel.
Diese von den Engländern im Gefolge des Kaffees eingeführten Kolonialprodukte bestimmen auch heute noch die Exportstruktur von Sri Lanka. Immer paßte sich das Land unter dem Druck der Kolonialmächte und dem "sachlichen" Zwang des Marktmechanismus auf dem Weltmarkt, der schwankenden Preis- und Nachfrage- Entwicklung, den Konsumbedürfnissen Europas an. Zwar ist das Land heute unabhängig, aber geändert hat sich am ursprünglichen Beziehungsmuster nicht viel. Mit der Einrichtung einer Freihandelszone ging man vor kurzem daran, billige Industriegüter zu exportieren.

(6) S.A. Schwarzkopf, a.a.O.
(7) Baisse: (starkes) Fallen der Börsenkurse oder Preise
(8) Zusammengestellt nach: Lennox A. Mills, Ceylon under British Rule 1795-1932. London / Liverpool 1933 / 1964

Die Entstehung des Kaffeeanbaus in Mittelamerika

Während der Kolonialzeit hatten europäische Einwanderer an den Küsten Mittelamerikas Plantagen gegründet, auf denen Scharlach- und Indigo-Farbstoff gewonnen wurden, während der Großteil der indianischen und der Mischlingsbevölkerung im Innern des Landes lebte. Jahrhundertelang waren die Hochebenen Zufluchtsorte für die versklavte Bevölkerung, die dort weiterhin ihre traditionellen Kulturen bewahren konnte.

Bereits 1832 hatten sich jedoch schon die ersten deutschen Kaffeehändler für mittelamerikanischen Kaffee interessiert und erste Mengen für den europäischen und nordamerikanischen Markt gekauft. In dieser Zeit wurde der Kaffeeanbau nur vereinzelt betrieben. Auf Drängen der deutschen Kaffeehändler wurde der Kaffeeanbau ausgeweitet, vielfach durch deutsche Einwanderer. So brachten Siedler aus Deutschland 1854 den Kaffeeanbau nach Nicaragua und wurden dort schnell zu den Hauptexporteuren. Das gleiche geschah in Guatemala, wo der Kaffee von Anfang an im wesentlichen für den deutschen Markt angebaut wurde.

Nach der Erfindung der chemischen Farbstoffe in Europa um 1850 wurden die Naturfarbstoffe überflüssig und die mittelamerikanische Plantagenwirtschaft war ruiniert. Die bisherigen Farbstoffproduzenten gingen von daher zum Kaffeeanbau über. Schon in kurzer Zeit wurde der Kaffee zu einem lohnenden Exportprodukt und seine Kultivierung wurde ständig ausgeweitet. Während die Farbstoffe hauptsächlich an den Küsten angebaut wurden, gedeiht guter Kaffee nur in Höhen zwischen 1.000 und 1.800 Metern. In diesen Gebieten wohnten große Teile insbesondere der indianischen Bevölkerung, die vom Anbau von Mais und Bohnen lebten.

Da der Kaffeeanbau bis zur ersten Ernte rund fünf Jahre Wachstum benötigt und auch die Lagerung und Vermarktung größere Kapitalsummen erfordert, eignet sich der Kaffeeanbau nicht für kleine Bauernfamilien. Unter dem Vorwand, die Entwicklung der nationalen Wirtschaft zu fördern, wurden daher von staatlicher Seite Gesetze erlassen, mit denen die Indianer von ihrem Land vertrieben werden konnten.

Mit der Enteignung der Indianer erreichten die Großgrundbesitzer zwei Ziele: Zum einen vergrößerten sie ihren Landbesitz, zum zweiten zwangen sie die bisher selbständigen Indianer, auf ihren Kaffeepflanzungen zu arbeiten. Die spanischen Kolonialherren hatten mit der Versklavung der Indianer und der Zerstörung ihrer Kultur begonnen. Die moderne Kaffeeplantagenwirtschaft tat das übrige. Sie führte zur Auflösung der Dorfgemeinschaften und zur völligen Unterdrückung der indianischen Sprache und Kultur, zumindest in Nicaragua und El Salvador.

Zugunsten des Kaffees wurde der Anbau von Grundnahrungsmitteln so eingeschränkt, daß die Ernährung der Bevölkerung immer einseitiger und dürftiger wurde. Die Ausrichtung der mittelamerikanischen Wirtschaft auf die Bedürfnisse des europäischen Marktes hatte so für die Masse der Bevölkerung in diesen Ländern unvorstellbares Elend zur Folge.

Kaffeeanbau heute

Die aus der kolonialen Einführung des Kaffees resultierenden Besitzverhältnisse und Bewirtschaftungsformen auf den Plantagen sind bis heute dominierend in der Kaffeeproduktion.

Ein Drittel
der Weltkaffee-Ernte wird auf großen Plantagen von 20 bis einigen tausend Hektar angebaut. Meist werden zur Ernte schlecht bezahlte Wanderarbeiter eingestellt.

Die Hälfte
des Kaffees kommt von mittelgroßen Betrieben mit zwei bis 20 Hektar. Da zur Bearbeitung von einem Hektar Kaffee etwa eine Arbeitskraft ganzjährig benötigt wird, müssen auch diese mittelgroßen Betriebe jährlich Arbeitskräfte zur Erntesaison einstellen.

ROTATÓRIA

LITRO
Coca-Cola

Ein Sechstel
des Kaffees kommt von Kleinbauern, in Lateinamerika *minifundistas* genannt. Sie verfügen in der Regel über maximal zwei Hektar, oft sind die Flächen noch erheblich kleiner. Ein Teil dieser Kleinbauern steht in einem Pachtverhältnis zum Landbesitzer, was eine große Abhängigkeit für sie mit sich bringt.

Ökologisches und Technisches

Botanik

Die Kaffeepflanze gehört zu der weit verbreiteten Familie der Rubiaceen, die in unseren Gegenden durch das an Wegrändern blühende Labkraut und den aromatischen Waldmeister bekannt sind.

Der Stamm
ist glatt und gerade, sein Bau regelmäßig. Die Zweige stehen sich gegenüber und sind abfallend. Der wilde Kaffeebaum erreicht eine Höhe von 2 bis 10 Metern, die Sorte "Liberica" kann sogar bis zu 18 Metern hoch werden. In den Plantagen wird der Wuchs jedoch auf 1 bis 3 Meter limitiert, was eine leichtere Ernte ermöglicht.

Die Blätter
stehen sich paarweise gegenüber, ihre Länge variiert zwischen 10 und 15 cm bei Arabica und zwischen 15 und 30 cm bei anderen Sorten. Sie sind immer grün, oval (oder langgestreckt oval) und glänzend und gleichen den Blättern des Zitronenbaumes und des Lorbeers.

Die Blüten
sind weiß und duften stark, ähnlich wie Jasmin. Zu bestimmten Jahreszeiten erscheinen sie in Gruppen, von fünf (manchmal sechs oder sieben) Blütenblättern gebildet, die an der Basis zusammengewachsen sind.

Die Früchte
wachsen sehr langsam: acht bis zwölf Monate, je nach Art. Es sind Beeren von 10 bis 15 mm Durchmesser und von 17 bis 18 mm Länge. Zuerst sind sie dunkelgrün, dann hellgrün und rot während der Reife, daher ihr Name "Kirsche". Ihre Haut umschließt eine klebrige und etwas zuckerhaltige Masse — das Fruchtfleisch, worin wiederum zwei ovale Körner eingebettet sind, die mit der Flachseite gegeneinander liegen: Dies sind die Kaffeebohnen.

Die Bohne
ist der Länge nach gezeichnet und mit einer eigenen Haut überzogen. Nach Entfernung dieser Haut erscheint die Bohne grau-gelblich oder schiefergrau, je nach Anbaugebiet, Sorte und Behandlungsmethode. Die Zusammensetzung der Kaffeebohne ist sehr komplex.

Die wichtigsten Kaffeearten

Unter den mehr als 60 verschiedenen Kaffeearten spielen zwei Sorten eine wesentliche Rolle: *coffea arabica* (etwa 75 Prozent der Weltproduktion) und *coffea robusta* (etwa 25 Prozent).
Coffea arabica mit seinen zahlreichen Unterarten ist der Kaffee, der von den Europäern im Zuge der kolonialen Ausdehnung von Arabien aus über die ganze Welt verbreitet wurde. Er wächst nach wie vor wild in Äthiopien. Arabicas sind von ausgezeichneter Qualität und haben relativ wenig Koffein (zwischen 0,8 und 1,3 Prozent).
Anlaß für die Einführung anderer Kaffeearten im Plantagenanbau waren die in den Monokulturen schon früh auftretenden Krankheiten. So wurden — wie erwähnt — auf Ceylon Ende des vergangenen Jahrhunderts die Pflanzen der *coffea arabica* innerhalb weniger Jahre vollständig vom Kaffeerost vernichtet.
Um die Jahrhundertwende entdeckten Europäer wild wachsenden *coffea robusta* in Zentralafrika. Sein Geschmack ist hart und bitter, sein Koffeingehalt mit 2 bis 2,5 Prozent relativ hoch.
Im Gegensatz zu *coffea arabica* ist diese Kaffeepflanze ein Gewächs, das in tropischen Tieflandgebieten gedeiht und gegen Schädlinge in diesem klimatischen Bereich widerstandsfähiger ist. Die

Produktion und Verarbeitung von Kaffee

PLANTAGE

- Anlegen der Pflanzung
- Aufzucht der Setzlinge
- Schneiden der Bäume
- Unkraut jäten

- Ernte
- Pflücken der Kaffeekirschen

Trockene Weiterverarbeitung	Nasse Weiterverarbeitung
Reinigen auf dem Feld	Vorreinigung
Waschen	Entfernen des Fruchtfleisches
Trocknen mit Schale 6 - 14 Tage	Gären
Entfernen des Fruchtfleisches	Reinigen
Sortieren nach Handelsklassen	Trocknen
Abfüllen in Säcke	Sortieren nach Handelsklassen
	Abfüllen in Säcke

ABGANGS- HAFEN

- Transport zum Abgangshafen
- Lagerung

- See-Transport

IMPORT-HAFEN

- Lagerung

RÖSTER

- Mischen
- Rösten
- Verpacken

EINZELHÄNDLER

- Transport
- Verkauf

Robusta-Sorte ist ertragreicher, dafür ist ihr Kaffee aber von minderer Qualität. Weniger Aromastoffe und mehr Säuregehalt beeinflussen allerdings seinen Geschmack. Er eignet sich gut zum Mischen mit *coffea arabica* und dient zur "Verlängerung" bei der Herstellung von Pulverkaffee.
Coffea robusta ist heute vorwiegend in Afrika und Asien beheimatet, *coffea arabica* in Lateinamerika und Afrika.

Anbau und Zucht

Die Aufzucht der Kaffeepflanze erfolgt nach strenger Auslese: Nur die besten Setzlinge bestehen diese Prüfung und bilden die Grundlage für die Aufzucht. Diese Selektion ist für die Höhe der Erträge von Bedeutung. Damit wird die Aufzucht von Kaffeesetzlingen zur Spezialistenarbeit. Zum Erzielen hoher Erträge und zur Verhütung von Krankheiten wird der Kaffee oft chemisch behandelt.
Auch unter günstigen Bedingungen sind Samen nur rund zwei Monate keimfähig. Das brachte in der Anfangsphase der Verbreitung des Kaffeestrauchs erhebliche Probleme mit sich. Viele Saaten, die mit den Schiffen in die Kolonien gebracht wurden, keimten nicht mehr. Die botanischen Gärten in den Mutterländern (so in Paris oder Amsterdam) lösten das Problem, indem sie aus den Samen Setzlinge zogen, die den langen Schiffstransport leichter überlebten.
Zur Zucht und Vermehrung des Kaffees dienen also entweder das Saatgut oder Stecklinge. Diese Stecklinge werden in gegen direkte Sonneneinstrahlung geschützte Baumschulen eingepflanzt. In zehn Monaten sind sie zu etwa 30 cm hohen Jungpflanzen herangewachsen und können zu Beginn der Regenperiode in die eigentlichen Plantagen umgepflanzt werden. Es werden pro Hektar 500 bis 2.000 Bäumchen gepflanzt, die meist wieder durch schattenspendende Bäume gegen zu intensive Sonneneinstrahlung und Austrocknung der Erde geschützt werden. Durch regelmäßigen Schnitt werden die Kaffeebäume ein- oder mehrstämmig gezogen, erhalten dadurch eine zweckmäßige und widerstandsfähige Form und ermöglichen eine gleichmäßige Produktion. Mit drei bis vier Jahren beginnt der Kaffeebaum wohlriechende, weiße Blüten zu tragen, die bald darauf grüne Beeren ansetzen. Sechs Monate später reifen sie zu roten Kirschen heran, die in der Regel zwei Samen enthalten, die eigentlichen Kaffeebohnen. Bei einer Häufigkeit von 10 bis 15 Prozent entwickelt sich in der Kaffeekirsche nur ein Same. Nimmt dieser eine rundliche Form an, wird der Same Perlbohne genannt. Diese wird als Spezialität getrennt verkauft.
Nach vier Jahren also trägt der Kaffeebaum die ersten Früchte, nach rund fünf Jahren die erste normale Ernte. Der Zeitraum zwischen Anpflanzung und erster Ernte ist für die zyklische Entwicklung der Kaffeepreise von Bedeutung. Hohe Preise ermuntern viele Plantagenbesitzer, neue Pflanzungen anzulegen. Die Ernte dieser Neupflanzungen nach fünf Jahren erhöht das Kaffeeangebot, so daß die Preise wieder fallen. Von zerstörerischen Frosteinwirkungen sind oft nur die neuen Blüten betroffen, nicht aber die kurz bevorstehende Ernte. Angeheizt durch die Spekulation steigen die Kaffeepreise dann in diesem Jahr, da erst ein Jahr nach dem Frost der genaue Umfang des Ernteausfalls sichtbar wird.
Im allgemeinen bleibt eine Kaffeeplantage 20 bis 40 Jahre wirtschaftlich rentabel, danach gehen die Erträge zurück. Der Ertrag ist sehr unterschiedlich. Viele Plantagen erzielen nicht mehr als 250 bis 500 Kilogramm pro Hektar, während gut gepflegte Anbaugebiete 500 bis 1.000 Kilogramm pro Hektar ergeben. Versuchsplantagen werfen sogar einen Ertrag von 2 bis 3 Tonnen ab.

Klima

Kaffee braucht für ein gesundes Wachstum ein sehr warmes Klima und gedeiht daher nur in den tropischen und subtropischen Regionen der Erde. Er erfordert eine durchschnittliche Temperatur von 15 bis 25 Grad Celsius mit nach Jahreszeiten geregelten Niederschlagsmengen von 1.000 bis 2.000 mm. Eine Temperatur von unter 10 Grad Celsius kann bereits zu Schädigungen der Pflanze führen. Dadurch bedingt dehnen sich die Anbaugebiete beiderseits des Äquators zum Wendekreis aus. Während in den' subtropischen Anbaugebieten, beispielsweise in Brasilien, die Höhenlagen zwischen 400 und 800 Metern über dem Meeresspiegel liegen, klettert der Kaffee in den Tropen bis auf eine Höhe von 2.000 Metern. In Brasilien wurde der Kaffeeanbau in diesem Jahrhundert bis an die südliche Anbaugrenze ausgeweitet, da die nördlicheren Plantagen immer schnell erschöpft waren. Diese Anbaugebiete, die zu den größten der Erde zählen, werden regelmäßig von Frostperioden heimgesucht.

Böden

Der Boden muß tief, durchlässig, neutral oder leicht sauer, besonders reich an organischen Stoffen wie Stickstoff, Phosphorsäure und Kalium sein. Am besten geeignet ist die Erde in gerodeten

Wäldern. Die meisten auf gerodetem Waldboden angelegten Plantagen sind allerdings je nach Ausgangsgestein früher oder später erschöpft.

Biologische und klimatische Feinde

Insekten

Der Anbau in Monokultur und die globale Verbreitung der Kaffeepflanze begünstigen auch die Verbreitung von Schädlingen. Zum Teil wurden sie aus ihrer afrikanischen Heimat mitgebracht und fanden in ihrer neuen Umgebung erheblich bessere Verbreitungsmöglichkeiten, da "Konkurrenz" und natürliche Feinde fehlten. Aber auch lokale Schädlinge konnten sich auf den neuen Pflanzungen rasch ausbreiten.

Gegen die Schädlinge, die den Kaffee-Ertrag und damit den Gewinn erheblich schmälern können, werden Mittel empfohlen und auch eingesetzt, die in der Bundesrepublik teilweise verboten sind: Lindan, DDT, Parahion (9). Die meisten dieser chemischen Behandlungsstoffe werden trotz Anwendungsverbot in der BRD weiter in die Länder der Dritten Welt exportiert.

Die hauptsächlichen Schädlinge des Kaffeebaumes sind:

Würmer, die die Wurzeln angreifen

Käfer, die die Kirschen auffressen (In Brasilien werden sie *broca* genannt.)

Borkenkäfer, die den Stamm und die Äste durchlöchern

Heuschrecken, Raupen, Wanzen, Ameisen und Blattläuse, die die Blätter und Früchte anfressen.

Pilze

Eine von einer Sporenpflanze verursachte Krankheit bedroht den Kaffeebaum besonders: *Hemileia vastatrix*, auch "Kaffeerost" genannt, da sich der Pilz durch rostrote Flecken auf den Blättern bemerkbar macht. Der Kaffeerost ist seit 1970 auch in Brasilien auf dem Vormarsch. Vorbeugend werden die Pflanzungen mit Kupferlösungen behandelt. Ist die Krankheit jedoch erst einmal ausgebrochen, muß die Plantage in der Regel aufgegeben werden. Neuere Züchtungen zielen darauf ab, rostpilzresi-

(9) Angaben nach: C. Coolhaas u.a., Kaffee. Stuttgart 1960

stente Robusta-Sorten mit guten Arabicas zu kreuzen. Das Ergebnis sind Hybride, die zwar Frucht bringen, aber nicht als Saatgut zu verwenden sind. So hat das französische Kaffee- und Kakao-Institut an der Elfenbeinküste eine Hybridpflanze, den Arabusta, gezüchtet.

Unwetter
Der Kaffeebaum ist eine nicht sehr widerstandsfähige Pflanze. Er erträgt Hagel, Wirbelstürme, extreme Temperaturen, Frost, starke Trockenheit oder übermäßigen Regen schlecht.

Pestizide in Kaffeebohnen-Importen der USA (1974-1977)

Herkunftsland	Anzahl der Proben	Anzahl mit Rückständen
Angola	1	1
Brasilien	2	2
Costa Rica	2	0
Dominikanische Republik	1	0
Ecuador	10	6
El Salvador	2	1
Elfenbeinküste	2	1
Guatemala	5	2
Haiti	1	1
Honduras	2	1
Indien	4	4
Indonesien	1	1
Kenia	1	0
Kolumbien	21	5
Mexiko	5	4
Neu-Guinea	2	1
Nicaragua	2	0
Panama	1	0
Peru	5	2
Rwanda	1	1
Uganda	1	1
Venezuela	2	1
	74	35

Der Prozentsatz der verseuchten Proben beträgt 47,3. Folgende Pestizide wurden entdeckt: DDT, DDE, BHL, Londane, Dveldrin, Heptachlor, Dinrinon, Malathion. (10)

(10) Angaben nach: D. Weir/M. Schapiro, Circle of Poison — Pesticides and People on a Hungry World. San Francisco 1981

Weiterverarbeitung und Lagerfähigkeit

"Die Aufbereitung des Kaffees besteht im Entfernen des Fruchtfleisches, der Hornschale und des Silberhäutchens, kurz in der Herstellung eines marktfähigen Produktes.
Es haben sich zwei Verfahren durchgesetzt, einmal die nasse oder westindische Methode, zum anderen die trockene Aufbereitung.

Die nasse Aufbereitung
entfernt unter Zusatz von reichlich Wasser zunächst das Fruchtfleisch der reifen Kaffeekirschen. Dann verbleiben die Kaffeebohnen einige Zeit (höchstens 48 Stunden) in großen Zementbecken und werden einer Gärung unterzogen, die, ohne den Bohneninhalt selbst anzugreifen, das noch anhaftende Fruchtfleisch zersetzt, das dann durch einfaches Aufwirbeln in fließendem Wasser leicht entfernt werden kann. Die verbleibenden Bohnen — noch mit Hornschale — werden dann auf großen Plätzen und, wenn es das Klima erfordert, auch in Trockentrommeln getrocknet. In einem neuerlichen Arbeitsgang werden dann Hornschale und das feine Samenhäutchen entfernt. Hierbei wird der Kaffee meist auch gleich poliert. Man wendet dieses Verfahren dort an, wo einmal genügend Wasser, zum anderen genügend Arbeitskräfte zur Verfügung stehen, die nur den jeweils gerade reifen Kaffee pflücken. Dies ist in Zentralamerika und in den Kaffeeländern der Anden der Fall...
Im allgemeinen wird der nach dieser Art aufbereitete Kaffee höher bewertet.

Die trockene Aufbereitung
kennt im Gegensatz zur nassen nach dem Pflücken nur einen Arbeitsgang. Die Kaffeekirschen werden mit dem anhaftenden Fruchtfleisch getrocknet; alsdann werden Fruchtfleisch, Hornschale und Silberhäutchen zusammen entfernt. Dieses Verfahren erfordert ein längeres Verbleiben des Kaffees auf den Trockenplätzen. Es läßt sich daher in den regenreichen inneren Tropen schlecht anwenden. Ein Vorteil liegt jedoch darin, daß der Kaffee nicht im Zustand der Vollreife gepflückt werden muß;

die Kirschen können solange am Baum bleiben, bis alle Früchte ausgereift sind. Das Pflücken wird dadurch erheblich vereinfacht (abstreifen), was bei dem heutigen Mangel an Arbeitskräften sehr begrüßt wird. Fast alle Kaffeesorten aus Brasilien werden nach diesem Verfahren bearbeitet. Diese Art der Aufbereitung ist auch in großen Teilen Asiens und Afrikas gebräuchlich. Der Handelswert des so gewonnenen Kaffees ist etwas niedriger." (11)

Nach dem Waschen und Trocknen besitzt der Rohkaffee eine Lagerfähigkeit von ungefähr fünf Jahren. Dies ermöglicht den Kaffeeländern, Überschußproduktionen zu lagern.

Gestörte Ökologie durch Kaffeeanbau am Beispiel Brasilien

Der großflächige monokulturelle Anbau von Kaffee hat tiefgreifende ökologische Auswirkungen.

Abbrennen und Abholzen des Primärwaldes: An Stelle der heutigen Kaffeepflanzungen befand sich vor der Einführung der Kaffeekultur eine dichte tropische Waldvegetation, die durch Laubabwurf und Verkompostierung der Streu laufend dem Boden neue Nährstoffe zuführte. Der Nährstoffkreislauf war geschlossen. Die großflächige Rodung veränderte die klimatischen Faktoren in den Kaffeegebieten. Die Variabilität der Niederschläge (das heißt: die Ausfallwahrscheinlichkeit des Regens und das Auftreten von Starkregen) hat erheblich zugenommen. Kaltlufteinbrüche in den Kaffeegebieten an der klimatischen Anbaugrenze finden infolge der Waldvernichtung häufiger statt.

Störungen des Wasserhaushaltes: Die Starkregen führen durch das Fehlen der schützenden Waldvegetation zum Sinken des Grundwasserspiegels. Die starken Niederschläge fließen sofort oberflächlich ab (starke Überschwemmungen) und gelangen nicht mehr in das Grundwasser. In einigen Gebieten mußten zur Aufrechterhaltung der Wasserversorgung Tiefbrunnen angelegt werden, da die alten Brunnen versiegt sind.

Erosionsschäden: In Brasilien befinden sich die Plantagen auf den besten Böden, der *terra roxa*. Die Starkregen, die auf den ungeschützten Boden treffen, spülen den fruchtbaren, in einem jahrtausendelangen Prozeß entstandenen Oberboden ab. Messungen in den Anbaugebieten belegen, daß jährlich zwischen 3 und 8 cm Bodenkrume fortgeschwemmt wird, wobei die Dicke der gesamten Bodenkrume nur einen halben Meter beträgt. Manche Gebiete mit Sandsteinböden sind heute unwiederbringlich für eine Agrarnutzung verloren. Dort liegt nacktes Gestein.

In anderen Gebieten, in denen der Boden durch den Kaffeeanbau zu stark ausgelaugt ist, stellen die Plantagen auf Rinderzucht um. Ein Anbau von Grundnahrungsmitteln ist wegen der inzwischen eingetretenen Instabilität der Niederschläge — Folge der Vernichtung des Waldes — zu risikoreich. Zu groß ist die Gefahr, daß eine ganze Ernte wegen Trockenheit ausfällt.

(11) Rudolf Schröder, Wirtschaftspflanzen der warmen Zonen. Stuttgart 1961. Seite 15 ff

Eine Wiederaufforstung, die einzig sinnvolle Maßnahme zur Verhinderung der Erosion, ist privatwirtschaftlich vollkommen unrentabel, so daß weiterhin der Boden mit Kaffeeanbau und Weidewirtschaft bis zur Unfruchtbarkeit ausgenutzt wird. (12) Staatliche Programme bestehen, sie können aber gegen die Interessen der Kaffeewirtschaft nicht durchgesetzt werden. Zudem würden sie mittelfristig die Deviseneinnahmen reduzieren.

Wasserschäden durch Düngung: Die Spezialisierung der Kaffeeplantagen auf qualitativ hochwertige Kaffeesorten mit hohen Hektarerträgen erfordert einen intensiven Einsatz von künstlichem Dünger und Schädlingsbekämpfungsmitteln. Natürliche Düngung ist in den monostrukturierten Großbetrieben aus Kostengründen — die Verteilung des Düngers ist arbeitsaufwendig — und aus Ermangelung natürlichen Düngers nicht möglich. So bleibt nur die künstliche Düngung, um hohe Hektarerträge zu sichern. Auswirkungen auf das Grundwasser sind die Folge.
Der Nitratbedarf von Kaffee ist im Vergleich zu Grundnahrungsmitteln hoch; deshalb muß mehr gedüngt werden. (13) Eine andere Kulturpflanze anzubauen löst das Problem nicht, da Monokulturen meist auf Nitrate angewiesen sind.

Plantagenkaffee
Beispiel: Brasilien

"Der Wirtschaft geht es gut, dem Volk geht es schlecht." (14)

Brasilien ist fast so groß wie Europa.
Die größte Entfernung von Nord nach Süd oder von Ost nach West entspricht der Strecke Finnland — Ägypten.
In dem fünftgrößten Land der Erde leben über 120 Millionen Menschen.
Die Stadt São Paulo mit den vorgelagerten Industriezentren Santo André, São Bernardo und São Caetano, dem sogenannten ABC, umfaßt 13 Millionen Einwohner (1980).
Hier ist vor allem die Autoindustrie beheimatet.
Brasilien hat riesige Bodenschätze.
Brasilien ist der größte Kaffeeproduzent der Erde.
14 Prozent der Exporterlöse stammen aus der Kaffeeproduktion (1980).
Brasilien zählt neben den USA und der BRD zu den größten Kaffeekonsumenten der Welt.
Jede vierte Tasse Kaffee, die auf der Erde getrunken wird, kommt aus Brasilien.
Nur 3,5 Prozent der Fläche Brasiliens und schätzungsweise 5 Prozent der überhaupt landwirtschaftlich nutzbaren Fläche werden bebaut.
Zur Überwindung der großen Entfernungen fehlen noch viele Straßen.
1980 waren nur 49,7 Prozent der Erwerbstätigen in den Arbeitsprozeß eingegliedert, über 50 Prozent sind Arbeitslose oder landwirtschaftliche Hilfskräfte, die am Existenzminimum leben.
Die Elendsviertel um die Großstädte wachsen immer schneller.
Während die Autoindustrie schon für die Anschaffung eines Zweitwagens wirbt, können sich Millionen Brasilianer nicht ausreichend ernähren.
Etwa ein Viertel der Bevölkerung kann nicht lesen und schreiben.
Sechs Prozent der Landbesitzer verfügen über 94 Prozent des landwirtschaftlich genutzten Landes. (15)

Elend durch Plantagenkaffee in Brasilien

Angeregt durch die große Nachfrage in Europa weitete sich der Kaffeeanbau in Brasilien im Laufe des 19. Jahrhunderts aus. Mit importierten Sklaven aus Afrika und sehr guten Böden ließ sich im Kaffeeanbau für den Plantagenbesitzer viel verdienen. Brasilien produzierte um die Jahrhundertwende rund 90 Prozent der Weltkaffee-Ernte.
Der Kaffeerausch in Brasilien griff mehr und mehr um sich. Lebensmittel wurden immer weniger angebaut und infolgedessen immer teurer. Die Sklavenhaltung, bei der die Grundbesitzer die Sklaven das ganze Jahr hindurch zumindest so verköstigen mußten, daß sie arbeitsfähig blieben, verlor an Rentabilität. 1888 wurde sie offiziell aufgegeben.

(12) Gerd Kohlhepp, Agrarkolonisation in Nord-Paraná. Franz Steiner Verlag, Wiesbaden 1975

(13) Gustav Espig/Sigmund Rehm, Die Kulturpflanzen der Tropen und Subtropen. Stuttgart 1976

(14) Aussage des brasilianischen Präsidenten Medici schon vor mehr als zehn Jahren. Aus: Erhard Meueler (Hg), Unterentwicklung. Arbeitsmaterialien für Schüler, Lehrer und Aktionsgruppen. Band 1. Reinbek 1974. Seite 160

(15) Zusammengestellt nach: Erhard Meueler, a.a.O. Seite 159 ff. Und: Statistisches Bundesamt (Hg), Länderbericht Brasilien 1984. Wiesbaden 1984

Die ehemaligen Sklaven überfluteten die Städte. Die Plantagen hatten das Problem der Arbeitskräfte neu zu lösen. Verarmte Südeuropäer — Italiener und Spanier — die den Traum vom großen Geld oder zumindest vom einträglichen Auskommen in der neuen Welt träumten, strömten in großen Wanderungswellen nach Brasilien und verdingten sich auf den Kaffeeplantagen. Die meisten von ihnen wurden *colonos* — Landarbeiter. Nur wenige wurden Plantagenbesitzer.

So ziehen heute wie früher Wanderarbeiter — Schätzungen der Regierung sprechen von mehr als 15 Millionen im Jahre 1979 (zum Vergleich: 1970 waren es 9 Millionen) — zwischen den Städten und den Kaffee- und Baumwollplantagen auf der Suche nach Arbeit hin und her. Die meisten von ihnen sind junge Leute, teilweise Arbeitslose aus den großen Städten, teilweise landlose Bauern aus dem *Nordeste*, dem größten Armenhaus Lateinamerikas im Nordosten Brasiliens.

Sie finden nicht immer Arbeit. Wenn in Erntezeiten viele Tagelöhner benötigt werden, wird der Lohn mit Hinweis auf die fallenden Kaffeeweltmarktpreise gedrückt. Ist die Ernte wegen eines Frostes knapp und der Kaffeepreis höher, so werden viele nicht eingestellt: Es gibt nicht genug Kaffee zu pflücken. Finden die Arbeiter einen Job, so sind sie oft zu erschöpft oder sogar zu unterernährt, als daß sie in der Lage wären, harte Feldarbeit zu verrichten.

Die Arbeitsbedingungen sind hart, gearbeitet wird im Akkord. Selbst ein guter Arbeiter — nach Maßstäben der Gutsbesitzer, der *fazendeiros* — schafft nicht mehr als fünf bis sechs Säcke am Tag. Nichtsdestotrotz ist der Akkordlohn dafür geringer als der gesetzliche Mindestlohn (*salário mínimo*) von umgerechnet 170,— DM im Monat.

Untergebracht werden die Tagelöhner in einfachen Bretterbuden, in denen sie sich zu sechst oder auch zu zehnt ein Zimmer teilen. Die meisten von ihnen sind krank: Fast alle leiden unter Amöben- oder Wurmkrankheiten. In den zugigen Behausungen holen sie sich im Winter zudem schwere Erkältungskrankheiten. Dann fällt der Lohn aus, eine Krankenversicherung gibt es nicht.

Auf manchen Plantagen wird ein Teil der Arbeiter länger beschäftigt, mit einem einjährigen Arbeitsvertrag. Der Landarbeiter pflegt mit seiner Familie 4.000 bis 6.000 Sträucher und erhält dafür als Lohn die Ernte von 1.000 Sträuchern, was dem gesetzlichen Mindestlohn entspricht. Das Haus stellt der *fazendeiro* in den plantageneigenen Siedlungen, *colônias* genannt, und zieht dafür 20 Prozent vom Lohn ab.

Die Landbesitzer der großen Plantagen wohnen oft in der Stadt. Sie setzen einen Verwalter ein, der bis zu 50 Prozent der Ernte als Beteiligung erhält. Nur noch zur Kontrolle der Ernte kommt der *fazendeiro* auf seine Plantage.

Auf den Plantagen wird der Kaffee nach dem Pflücken sofort weiterverarbeitet, entweder naß oder trocken aufbereitet, und ist damit weltmarktfähig.

Die Rentabilität einer Plantage hängt im wesentlichen vom Weltmarkt- oder dem nationalen Auf-

Nord-Paraná/Brasilien: Kontraktformen zwischen Landbesitzer und *empreiteiro* beim Kaffeeanbau (1970)

Kontraktdauer in Jahren	Leistungen des Landbesitzers	Leistung *empreiteiro*	Gewinn *empreiteiro*	Gewinn Landbesitzer
4	Waldschlag Holzhaus Wege Brunnen Kaffeesaatgut Arbeitsinstrumente Zug- und Reittiere Wagen	Rodung räumen, Kaffee pflanzen, Pflege der Kaffeebäume, zuschneiden, hacken, säubern während 4 Jahren	best. Summe/*cova*; Erlös aus Verkauf der Ernten der Zwischenpflanzung des 1.—4. Jahres	erhält produzierende Kaffeepflanzung nach 4 Jahren, d. h. *vor* der ersten Ernte
5	Waldschlag Holzhaus Kaffeesaatgut	siehe oben. zusätzlich: Wege- und Brunnenbau, Arbeitsinstrumente auf eigene Kosten	Kaffee-Ernte des 4. und 5. Jahres und Zwischenpflanzung des 1.—4. Jahres	produzierende Kaffeepflanzung nach dem 5. Jahr
6	keine	gesamte Arbeiten auf eigene Kosten; z. T. Vergabe von Arbeitsgängen an Dritte	Kaffee-Ernte des 4.—6. Jahres und Zwischenpflanzung 1.—4. Jahr	produzierende Kaffeepflanzung nach dem 6. Jahr

Anmerkung: Als empreiteiro wird derjenige bezeichnet, der in einem partnerschaftlichen Verhältnis zum Landbesitzer steht, mit einer unterschiedlichen Aufteilung der Pflichten und Rechte je nach Vertragsdauer.
Als Zwischenpflanzung versteht man die zwischen die Reihen der Kaffeesträucher gepflanzten Grundnahrungsmittel wie Mais oder Bohnen. (16)

kaufpreis und den Kosten für die Arbeitskräfte ab, steht also in unmittelbarem Zusammenhang zu den gezahlten Hungerlöhnen und den diktierten Arbeitsbedingungen.

Die Erträge aus der Bewirtschaftung der Plantagen sind auch heute noch recht hoch: Die Anlagekosten einer Plantage (Setzlinge und Arbeitskräfte) sind in der Regel nach der zweiten bis dritten Ernte durch die Erlöse amortisiert, das heißt nach fünf bis acht Jahren. Danach wirft die Plantage einen guten Ertrag im Verhältnis zu den laufenden Kosten ab, je nach Weltmarktpreis. Obwohl Soja im Süden Brasiliens zu großen Teilen den Kaffee verdrängt hat, ist Kaffeeanbau noch immer attraktiv. (17)

Der Versuch der brasilianischen Regierung zu Beginn der sechziger Jahre, die Situation der Landarbeiter durch eine gesetzliche Regelung der Arbeitsverhältnisse zu verbessern, scheiterte am Widerstand der Plantagenbesitzer.

Punkte des Landarbeitergesetzes von 1963 in Brasilien waren:

Jeder Beschäftigte muß den gesetzlichen Mindestlohn erhalten.

Die tägliche Arbeitszeit beträgt acht Stunden, Überstunden und Nachtarbeit werden mit einem 25-prozentigen Zuschlag bezahlt.

Jedem Arbeiter steht ein bezahlter Ruhetag pro Woche zu. Darüber hinaus muß bei mehr als einjähriger Arbeitsdauer und weniger als sechs Fehltagen in dieser Zeit ein 20-tägiger bezahlter Urlaub gewährt werden.

Bei Kündigung muß bei mehr als einjähriger Arbeitsdauer eine Abfindung in Höhe eines Monatslohnes bezahlt werden.

Nach mehr als 10-jähriger Anstellung darf ein Arbeiter nur noch nach schweren Verfehlungen entlassen werden.

Der Plantagenbesitzer muß 1 Prozent des Wertes seiner produzierten landwirtschaftlichen Erzeugnisse für die Sozialversicherung des Arbeiters bezahlen.

Als Reaktion darauf und durch verstärkte Mechanisierung der Landwirtschaft in den siebziger Jah-

(16) Gerd Kohlhepp, a.a.O. Seite 85
(17) J.W.F. Rowe, The Worlds Coffee. London 1963. Seite 40 ff

ren entließen die Plantagenbesitzer viele Arbeitskräfte und etablierten ein neues System, das den Arbeitern den Namen *bóias-frias* (18) gab.
Der Landbesitzer überträgt die Aufgabe der Arbeitsvermittlung an einen *gato* (19), meist einen LKW-Besitzer, und handelt mit ihm eine feste Summe aus, die der *gato* für jeden Arbeiter erhält, die er in den Armenvierteln der umliegenden Städte allmorgendlich anwirbt und zur Plantage bringt. Vom Tagesverdienst der *bóias-frias* (1970 umgerechnet 4,- bis 5,- DM) zieht der *gato* rund 20 Prozent für die Fahrtkosten ab. (20)
Die Tendenz zur erneuten Verschlechterung der Lage der Landarbeiter hat sich durch den Militärputsch von 1964 verstärkt durchgesetzt.

Bei Landkonflikten in Brasilien nehmen die Gewalttaten zu

Katholische Kirche: Polizei stachelt Streit an
Großgrundbesitzer bedrohen Bischof
Bauern wegen Staudamms vertrieben

Rio de Janeiro, 20. Januar. Eine Studie über Landkonflikte in Brasilien hat jetzt die Pastoralkommission für Landfragen der katholischen Kirche des Landes vorgelegt. Danach sind Streitigkeiten um Landbesitz in dem achteinhalb Millionen Quadratkilometer großen Land im Jahr 1982 im Vergleich zum Vorjahr zwar weniger geworden. Die Gewaltanwendungen mit Verletzten und Toten haben jedoch zugenommen. Bei 173 registrierten Zusammenstößen wurden neun Menschen ermordet, 30 starben unter ungeklärten Umständen und 44 wurden verletzt. Die Landstreitigkeiten konzentrierten sich auf die westlichen, nördlichen und Zentralstaaten, besonders auf Mato Grosso, Goiás und Pará.

Die Pastoralkommission stellt in ihrer Untersuchung fest, daß die Zusammenstöße in Regionen, die von Regierungsorganen kontrolliert werden, besonders gewalttätig waren.

Die militärische Polizei und die Bundespolizei sowie eine Sondereinsatzgruppe für Landfragen werden in dem Papier beschuldigt, häufig die Konflikte anzustacheln. So wurden beispielsweise alle neun Morde in einem von der Sondereinsatzgruppe kontrollierten Gebiet begangen. Mitgliedern der Gruppe wird vorgeworfen, acht Bauern von ihrem Land vertrieben zu haben und andere mit dem Tode bedroht, entführt oder ungerechtfertigt festgenommen zu haben.
Als Beweis dafür, daß die Landfrage in Brasilien noch nicht gelöst ist, führt die Studie an, daß der Großgrundbesitz sich in den letzten Jahren ausgeweitet habe. Meistens sei dabei der Besitz kleiner und mittlerer Bauern vereinnahmt worden. Sein Bischofssitz sei mehrfach von Beauftragten der Großgrundbesitzer überfallen und angezündet worden. Der Bischof hatte Fälle an die Öffentlichkeit gebracht, in denen die Felder der Kleinbauern mitten in der Ernte von Traktoren der Großgrundbesitzer zerstört wurden.
Die Studie geht auch auf die Situation der Tagelöhner unter den Landarbeitern ein. 73 seien bei Unfällen mit den Lastwagen, die sie zu ihren Arbeitsplätzen transportierten, umgekommen, weitere 98 verletzt worden. Über die Zahl derer, die wegen der geringen Löhne verhungert sind, lägen keine genauen Zahlen vor. (21)

(18) bóia-fria: Der portugiesische Begriff bedeutet in wörtlicher Übersetzung "kaltes Essen". Die Landarbeiter nehmen ihre mitgebrachte Mahlzeit kalt auf dem Feld ein.
(19) gato: Kater
(20) Gerd Kohlhepp, a.a.O. Seite 156 ff
(21) Evangelischer Pressedienst, Frankfurt. In: "Frankfurter Rundschau" vom 21. Januar 1983. Seite 20

João Cabral de Melo Neto

Tod und Leben des Severino

Mein Name ist Severino,
einen anderen Taufnamen hab' ich nicht.
Und da es viele Severinos gibt,
nach einem Wallfahrtsheiligen benannt,
taufte man mich kurzerhand
Severino von der Maria.
(...)

Wir sind viele Severinos,
alle in der gleichen Lebenslage.
Haben alle einen großen Kopf
und halten ihn mühsam in der Waage.
Unser Leib, der auf gleichen mageren Beinen
steht,
ist einer wie der andere dick und gebläht.
Auch im Blut sind wir gleich,
denn an Farbe ist es nicht reich.
Und wenn wir gleiche Severinos sind
im Leben und aller Not,
so sterben wir auch den gleichen Tod:
denselben Severinotod.
Er ist der Tod, den man aus
Altersschwäche stirbt,
bevor man dreißig Jahre alt,
oder ehe man zwanzig ist durch einen
Hinterhalt.
Durch Hunger jeden Tag ein wenig.
(Mit Schwäche und Krankheit zum Zeitvertreib
rückt der Severinotod
jedem Alter auf den Leib,
auch solchem noch im Mutterleib.)
(...)

— Das Grab, in dem du liegst,
nach Spannenmaß gegeben,
ist der geringste Lohn,
den du verdientest im Leben.
— Es hat eine gute Größe,
ist weder breit noch spitz.
Es ist der Teil, der dir gehört
von diesem Großgrundbesitz.
— Es ist kein großes Grab,
ein Grab, gut abgeteilt.
Es ist das Land, von dem du hofftest,
es werde aufgeteilt.
— Es ist ein großes Grab
für dein bißchen Tod.
Aber immer noch besser
als all die Lebensnot.
(...)

— Dieser Boden ist dir gut bekannt.
(Er trank deinen verkauften Schweiß.)
— Dieser Boden ist dir gut bekannt.
(Er war dir von Jugend an zu heiß.)
— Dieser Boden ist dir gut bekannt.
(Er hat dir die Manneskraft genommen.)
— Diesem Boden bist du gut bekannt.
(Er hat all deine Söhne bekommen.)
— Diesem Boden bist du gut bekannt.
(Er hat dich von Kind an ausgelaugt.)
— Diesem Boden bist du gut bekannt.
(Er hat dich auch sonntags ausgesaugt.)

— Nun liegen deine Kräfte brach.
Man hat dich gesät der Länge nach.
— Trägst selber keinen lebendigen Samen.
Maniok ist jetzt dein Leibesnamen.
— Trägst keinen Steckling von Zuckerrohr.
Bist selber Steckling, nur nicht aus Rohr.
— Säst nicht mehr aus mit deiner Hand.
Bist selber das Korn im Ackerland.
— Hast keine Kräfte mehr zum Mähen.
Drum laß dich in die Furche säen.
— Hast in den Beinen keine Kräfte.
Drum schaffst du der Scholle neue Säfte.
— Deine Hängematte spürt keine Schwere,
nur eine dürre, entkörnte Ähre.
— Viel lag in deiner Hängematte nicht,
nur ein Kolben Mais mit wenig Gewicht.
— In der Hängematte, schwach und karg,
der Maiskolben ohne Körnermark.
— In der Hängematte zu wenig lag,
Lebensernte ohne zweiten Ertrag. (22)

(22) João Cabral de Melo Neto: Tod und Leben des Severino. Pernambukanisches Weihnachtsspiel. Peter Hammer Verlag, Wuppertal 1975. Seite 12 ff. Der Band erscheint im Frühjahr 1985 als Neuausgabe in der Edition diá St. Gallen/Wuppertal unter dem Titel "Tod und Leben des Severino oder Was ein Landflüchtling aus dem Sertão von Pernambuco, der in die Großstadt Recife auswandert, auf seiner langen Wallfahrt durch den brasilianischen Nordosten erlebt"

Kaffee von Kleinbauern
Beispiel: Guatemala

Land der Ungleichheit und der Repression

Guatemala ist knapp halb so groß wie die Bundesrepublik, hat aber nur 6,5 Millionen Einwohner.
Drei Viertel der Bevölkerung sind arme Subsistenzbauern, können sich also kaum mit dem wenigen Land, das sie bearbeiten, ernähren.
Etwa die Hälfte der Bevölkerung sind Indios.
1980 betrug die Arbeitslosigkeit etwa 30 Prozent.
Die Einkommensverteilung wird immer ungerechter: 1950 hatten 5 Prozent der Bevölkerung 48 Prozent, 50 Prozent aber nur 9 Prozent der Einkommen. 1978 hatten 5 Prozent der Bevölkerung 59 Prozent, 50 Prozent aber nur 7 Prozent der Einkommen.
68 Centavos sind täglich notwendig für eine minimale Ernährung. Über 50 Prozent der Bevölkerung haben dieses Geld nicht.
1980 waren 82 Prozent der Kinder unter fünf Jahren unterernährt.
Zwei Prozent der Grundbesitzer verfügen über 65 Prozent des bebaubaren Landes.
90 Prozent der Landeigentümer verfügen über nur 20 Prozent des Ackerlandes.
389 Familien gehören 70 Prozent des bebaubaren Landes.
389 Familien kontrollieren 85 Prozent des Kaffeeanbaus.
Ein Drittel der Deviseneinnahmen stammt aus dem Kaffee-Export (1980).
Die Felder der Kleinbauern liegen ungünstig und reichen zur Eigenernährung kaum aus.
600.000 Bauern müssen deswegen jedes Jahr zusätzlich als Saisonarbeiter auf den großen Plantagen an der Küste arbeiten.
In Guatemala gab es 1980 3.791 registrierte politisch motivierte Morde. Die Dunkelziffer ist unbekannt.
Seit der Machtübernahme von General Rios Montt, der sich selbst als reformfreudigen und "von Gott gesandten" Residenten verkauft, haben die Massaker drastisch zugenommen. Die amerikanische Menschenrechtsorganisation *"Americas Watch"* nennt für die ersten acht Monate seit seinem Regierungsantritt im März 1982 die Zahl von 8.000 Menschen, die von den Militärs umgebracht wurden.

Die Situation der Kleinbauern in Guatemala unterscheidet sich nicht wesentlich von der Situation der Plantagenarbeiter in Brasilien. Vielfältige Pacht- und Abhängigkeitssysteme verbunden mit einer brutalen Repression verwischen die Grenzen zwischen Landarbeitern und Kleinbauern. Ein Teil der Kleinbauern besitzt so wenig und zudem so schlechtes Land, oft weniger als einen Hektar (100 x 100 Meter; bei uns in der BRD werden Höfe unter 40 Hektar als "zum Leben nicht ausreichend" eingestuft), daß er — um überleben zu können — gezwungen ist, zusätzlich auf den großen, auf Export ausgerichteten Kaffeeplantagen arbeiten zu gehen. Diese Saisonarbeit ist in vieler Hinsicht mörderisch.

"Die Bauern werden auf Lastwagen wie Vieh zur Küste transportiert, und die Unfallrate dieser Transporte ist erschreckend hoch. Auf den Plantagen hat die Maximierung der Produktion absolute Priorität. Hemmungslos werden aus Flugzeugen große Mengen von DDT auch über die Landarbeiter versprüht, was zu schweren Vergiftungen führt." (23)

Das wenige Land, das den Bauern überhaupt bleibt, wird ihnen je nach Bedarf der Großgrundbesitzer oft abgenommen, da die Bauern keine verbrieften Rechtstitel über das Land vorweisen können.

"Als die Bauern von Cahaboncito, Chirhipate und anderen Dorfgemeinschaften sich nach Panzos begaben, um mit den Behörden die Besitzverhältnisse zu klären, wurden sie von Einheiten der Armee überfallen. Über 100 Männer, Frauen und Kinder fanden den Tod, mehr als 300 wurden verletzt." (24)

(23) Veronika Bennholdt-Thomsen u.a., Lateinamerika. Analysen und Berichte 4. Berlin 1980. Seite 272
(24) Veronika Bennholdt-Thomsen u.a., a.a.O. Seite 273

Aber auch ohne Repression und unsichere Landverhältnisse ist die ökonomische Situation der Kaffeekleinbauern denkbar schlecht:
Die Bauern müssen das Geld, das sie benötigen, um überhaupt Kaffee anbauen zu können (Setzlinge, Dünger etc.), meist leihen. Oft genug kommt hinzu, daß schon das Überleben bis zur nächsten Ernte schwierig ist. Auch dafür muß Geld geliehen werden. Verleiher sind die Kaffeeaufkäufer, die häufig auch Ladenbesitzer im nächsten Ort sind. Für das verliehene Geld werden Wucherzinsen erhoben, oft wird der größte Teil der zukünftigen Kaffee-Ernte schon im voraus zu unvorstellbar niedrigen Preisen verkauft. Der Kleinbauer hat ja keine Übersicht über die aktuelle Weltmarktpreisentwicklung — und keine Chance, einen realen Preis für seinen Kaffee zu erzielen.
Nur der *haciendero* oder der Kaffeeaufkäufer haben eine Maschine zum Schälen des Kaffees und LKWs, um den Kaffee zu transportieren. Dies ist eine weitere Abhängigkeit mit dem Ergebnis, daß gerade die Armen am wenigsten für ihren Kaffee erhalten. Zudem hat der Kleinbauer schlechtere Ausgangsbedingungen für den Kaffeeanbau als der Plantagenbesitzer: Minderwertigere Setzlinge, stärkere Ausnutzung des schon knappen Landes und auch geringe Spezialkenntnisse beeinträchtigen die Qualität und damit auch den Preis, der für den Kaffee erzielt werden kann.
Für viele Kleinbauern ist Kaffeeverkauf nur ein Nebenverdienst, mit dem sie einige Grundnahrungsmittel kaufen können, da der Ertrag des eigenen Bodens nicht reicht.
So widersinnig es klingen mag: Trotz aller Abhängigkeiten ist es für den Bauern oft sinnvoller, Kaffee anzubauen, bekommt er doch für seinen Kaffee noch immer mehr Geld als beispielsweise für selbstangebaute Bohnen.
Über solche Mechanismen wird der ursprünglich mehr oder weniger unabhängige Bauer vom Weltmarkt abhängig. Er produziert für den Weltmarkt und ist von schwankenden Kaffeepreisen existenziell betroffen. Sinken nun die Kaffeepreise auf dem Weltmarkt, dann fällt sein klägliches Einkommen noch weiter, und da er einen Teil seines Bodens für die Kaffeeproduktion nutzt — in der Regel den besten — ist er nicht oder nur selten in der Lage, sich selbst zu ernähren.
1980 verdiente ein Kleinbauer in Guatemala, der in der Regel 400 bis 500 Kilogramm Kaffee jährlich produziert, nicht mehr als ein Saisonarbeiter an der Küste (ausgehend vom offiziellen Lohn der Saisonarbeiter), nämlich 1.000,- DM im Jahr. (25)

Guatemala verurteilt

"Völkergericht" macht Regime für Morde und Folter haftbar

Madrid, 1. Februar. Das "permanente Völkergericht", Nachfolger des "Russell-Tribunals", hat am Montag in Madrid das rechtsextreme Regime Guatemalas wegen schwerster Verbrechen gegen die Menschenrechte verurteilt. Das Gericht sprach dem Volke Guatemalas das Recht zu, bewaffneten Widerstand zu leisten. Das Gericht unter Vorsitz des US-Nobelpreisträgers für Medizin, George Wald, klagte vor allem den jetzigen Machthaber, General Rios Montt, und seinen Amtsvorgänger, General Lucas Garcia, der systematischen Mißachtung der eigenen Landesverfassung, der Genfer Kriegsrechtskonvention und der UN-Menschenrechtscharta an. Die Staatschefs sind nach dem 70seitigen Begründungsschreiben des Gerichts persönlich verantwortlich für den "Genozid" am Indio-Volk der Maya in der Provinz Quiche. Dem Tribunal zufolge haben nach dem Staatsstreich von Rios Montt im März 1982 die Entführungen, Foltern und blutigen Übergriffe in Indianerdörfern noch zugenommen. Die Anzahl der politischen Morde in acht Monaten wird auf 8.000 geschätzt. Die Armee deportierte einen Teil der Indianerbevölkerung und siedelte sie — nach dem Vorbild in Vietnam — in "Wehrdörfern" an. (26)

(25) Zusammengestellt nach: Informationsstelle Guatemala (Hg.), Guatemala — Der lange Weg zur Freiheit. Wuppertal 1982. Und: Weitere Veröffentlichungen der Informationsstelle Guatemala
(26) "Frankfurter Rundschau" vom 2. Februar 1983. Seite 2

Rigoberta Menchú

Zeugnis einer guatemaltekischen Indianerin

Ich heiße Rigoberta Menchú. Ich wurde in der Region Quiché geboren und lernte vor 13 Jahren spanisch sprechen. Ich habe weder Vater noch Mutter und will erklären weshalb.

Zunächst muß ich sagen, daß es in Guatemala für uns Indios keine Kindheit gibt. Immer haben wir unter Repression und Ausbeutung gelitten. Nach den Zeugnissen unserer Väter und unserer Großväter war unser Leben immer Leiden. Was mich betrifft, ich begann mit acht Jahren mein Leben zu verdienen, indem ich an der Südküste am Pazifik auf den Ländereien der *patrones* arbeitete. Ich erinnere mich, wie ich mich entschied, arbeiten zu gehen, weil ich das schmerzerfüllte Gesicht meiner immer erschöpften Mutter nicht mehr aushielt. Immer mußte sie Kaffee oder Baumwolle pflücken, mit ihrem Neugeborenen auf dem Rücken und meinen fünf hungrigen Geschwistern um mich herum. Da die Kinder, die nicht arbeiten, von den *patrones* nicht ernährt werden, verdiente sie nie genug. Mein Lohn betrug am Anfang 20 Centavos (ca. 50 Pfennige).

Wir verließen die Hochebene, um in den *fincas* zu arbeiten, weil mein Vater nur ein kleines Stück Land hatte, das nicht viel hergab: nur ein wenig Mais und Bohnen, gerade genug, um vier oder fünf Monate zu leben. Für den Rest des Jahres waren wir gezwungen, zu den *fincas* hinunter zu wandern. Dann kehrten wir wieder zu unserem Ort auf der Hochebene zurück, wo jedermann sein kleines Maisfeld bearbeitete, um leben zu können. So war unser Leben, und deshalb kann ich sagen, daß ich keine Kindheit hatte.

Als ich elf Jahre alt war, starben zwei meiner kleinen Geschwister auf der *finca* an Unterernährung und Krankheit, weil wir aus einer kalten Region kamen, und die große Hitze an der Küste (Tropen) machte uns krank. Auch ich bin einmal an Fieberanfällen fast gestorben.

Als meine Geschwister starben, bat meine Mutter, von der Arbeit fernbleiben zu dürfen, um sie beerdigen zu können. Denn für uns sind unsere Begräbniszeremonien sehr wichtig. Aber man gab ihr die Erlaubnis nicht. Dann nahm sie sich einfach einen freien Tag, und am folgenden Tag kehrte sie zur Arbeit zurück. Wegen des Tages, den sie sich genommen hatte, entließen sie uns, ohne uns die 15 Arbeitstage, die wir bereits hinter uns hatten, zu bezahlen. Dann kehrten wir zu unserem Haus auf der Hochebene zurück. Dort sah sich meine Mutter gezwungen, die wenigen Tiere, die sie hatte, zu verkaufen, um uns zu ernähren. Einige Monate später, als mein Vater von der *finca*, auf der er arbeitete, zurückkehrte, mußte er feststellen, daß er zwei Kinder weniger hatte.

Damals begann ich die Kirche zu besuchen, die Nonnen und Pfarrer zu treffen, und ich wurde Katechetin. Ich beschäftigte mich mit Jugendlichen, Frauen und Kindern.

Mein Vater und meine Mutter waren die "Verantwortlichen" unserer Gemeinschaft; sie waren gewählt worden, und wer Schwierigkeiten hatte oder krank war, suchte sie auf. Deshalb sah ich meinen Vater selten, als ich klein war. Als wir uns nach der Rückkehr von der *finca* wieder zusammensetzten, war er damit beschäftigt, die Gemeinschaft gegen die großen Landbesitzer zu verteidigen, die uns unsere Felder nehmen wollten. Mein Vater erzählte, daß er bereits Katechet geworden sei, als er noch sehr jung war. Nachdem meine Eltern geheiratet hatten, zogen sie in die Berge, um dort zu leben. Sie gründeten zusammen mit weiteren Personen, die mein Vater zusammengerufen hatte, einen Weiler. Alle widmeten sich der Landrodung und der Saat. Aber die Erde gab natürlich fast nichts her. Man mußte jahrelang auf die erste Ernte warten. Und als das Dorf schließlich sein Maisfeld und ein wenig Bohnen hatte, kam ein *patron* an und sagte, das Land gehöre ihm. Dann mußte mein Vater, der als einziger etwas Spanisch sprach, sich mit den Behörden auseinandersetzen.

Er reiste nun umher, um Unterstützung zu suchen, damit uns die *patrones* in Frieden ließen. Aber seine Klagen wurden nicht gehört. Sie schickten ihn von einem Ort zum anderen, von Huehuetenango nach Quetzaltenango, nach Quiché, in die Hauptstadt, bloß um Papiere zu unterschreiben. Sie forderten ihn auf, sich einen Anwalt zu nehmen, der Zeugen vorweisen solle. Und da er kaum Spanisch konnte, betrogen sie ihn sehr, und auch, weil er weder lesen noch schreiben konnte. Fast seine ganze Zeit widmete er der Gemeinschaft, und deshalb konnte er nicht genügend arbeiten, um sich sein Leben zu verdienen. Deshalb mußten wir, seine Kinder, an seiner Stelle arbeiten gehen. Wir standen morgens um drei Uhr auf; jeder hatte seine Arbeit; ich mußte den Hunden zu fressen geben und den Mais für die Tortillas waschen. Andere Kinder bereiteten den Teig zu und machten das Feuer an, während die Männer ihre Arbeitsgeräte zurechtmachten, um auf das Feld zu gehen. Zum Frühstück aßen wir Tortillas (Maisfladen), manchmal gab es auch Atole (ein Maisgetränk) dazu. Um vier Uhr morgens waren wir schon alle fertig, um auf das Feld zu gehen. Die Einwohner des Dorfes gingen zu den Häusern ihrer Nachbarn und riefen sie heraus, um gemeinsam loszugehen. Denn wir arbeiteten gemeinschaftlich.

In jedem Haus blieb eine der Frauen zurück, um sauber zu machen und das Essen vorzubereiten. Am Abend aß man Tortillas mit Chile-Pfeffer. Wir Frauen setzten uns auf den Boden, um zu stricken. Manchmal machten meine Brüder Musik. Wenn es Nacht wurde, legten wir uns schlafen. Das Haus hatte nur ein Zimmer, in dem wir alle gemeinsam schliefen und aßen. Wir schliefen in Kleidern auf dem Boden, auf Matten aus Palmblättern. Deshalb glaubt man, daß wir Indios schmutzig seien. Aber in Wirklichkeit ist es auf der Hochebene nachts sehr kalt, und die Häuser haben nur Dächer aus Palmblättern und Wände aus Ästen, die einen eisigen Wind durchließen.

Am Sonntag gehen die Frauen zum Fluß, um zu waschen, und die Männer gehen ins Dorf, um das nötige Salz und die Seifen einzukaufen. Manchmal verkaufen sie auch die Bohnen von der Ernte und Bichitos, eine Art Muscheln, die wir zu fischen verstehen und die sehr köstlich sind.

Ich erinnere mich gut, wie 1973 — ich war gerade 15 Jahre alt — mein Vater zum ersten Mal verhaftet wurde. Sie klagten ihn der Provokation von Unordnung und des Angriffs auf die Souveränität Guatemalas an. Meine Mutter mußte uns allein lassen, um einen Anwalt zu suchen, der sich mit dem Prozeß meines Vaters beschäftigen sollte. Sie fand einen in El Quiché, der aber sehr teuer war. Deshalb mußte sie als Dienstmädchen arbeiten. Ihr ganzer Lohn war für den Anwalt. Dann wurde das Urteil gesprochen: mein Vater wurde zu 18 Jahren Gefängnis verurteilt. Nach einem Jahr und zwei Monaten ließen sie ihn frei, aber drohten ihm, ihn für sein Leben lang einzuschließen, wenn er von neuem Probleme schaffe.

Während mein Vater im Gefängnis war, kamen die reichen *patrones* an; und weil niemand Spanisch konnte, ängstigten sie uns. Sie gaben sich als Ingenieure aus und begannen, die Felder zu vermessen, und sie sagten den Bauern, sie sollten gehen oder als Lohnarbeiter bleiben, denn das Land gehöre ihnen. Dann bedrohten uns ihre Pistoleros und holten uns aus den Häusern; dann gingen sie in die Häuser, nahmen unsere Sachen weg und zerbrachen alles, wir hatten ja nur Töpfe aus Ton. Als mein Vater zurückkam, beschloß er, sich noch mehr der Verteidigung seiner Gemeinschaft zu widmen, ja sogar das Leben für sie herzugeben, und er nahm seine Reisen in die Hauptstadt wieder auf. Damals glaubten wir noch, daß unsere einzigen Feinde die großen Landbesitzer seien, und es war uns noch nicht klar, daß in Wirklichkeit alle Reichen uns, die Bauern, verfolgen.

Mein Vater setzte sich mit dem *Instituto Nacional de Transformación Agraria* (Nationales Institut für Landreform) in Verbindung, und auch dort ließen sie ihn Papiere unterschreiben, verwiesen ihn auf Dienstwege, um unsere Eigentumstitel zu erhalten, und sagten ihm, daß er das Land weiter bearbeiten müsse. Und dann, auf dem Rückweg, wurde er von den Pistoleros des *patron* entführt. Sie folterten ihn und ließen ihn dann in den Bergen liegen, weil sie glaubten, daß er tot sei. Dann mußte uns unsere Mutter wieder verlassen, um ins Dorf zu gehen, wo mein Vater mit Hilfe unserer Pfarrer gepflegt wurde; nur alle zwei Monate kam sie, um uns zu sehen. Eines Tages erhielten wir von den Dienern des *patron* die Nachricht, daß mein Vater von neuem entführt werden sollte, und einige Priester halfen uns dabei, ihn in eine Privatklinik zu überführen. Dort blieb er lange Zeit, fast zwei Jahre. Und als er rauskam, war er schon nicht mehr derselbe; er litt, hatte Schmerzen und konnte nicht mehr auf dem Feld arbeiten. Er revanchierte sich, indem er sich weiterhin mit den Behörden herumstritt.

Seit damals ging er nie mehr allein auf Reisen, er ging nun mit anderen Bauern zusammen in die Hauptstadt, aber die reichen Säcke dort machten sich über uns nur lustig: sie verlangten 19.000 Quetzales (1 Quetzal ist 1 Dollar) von uns, weil, so meinten sie, das Land nationales Eigentum sei, also dem Staat gehöre. Aber wir, Bauern, wir hätten keine 20 Quetzales aufbringen können. Wie hätten wir 19.000 haben sollen? Nicht im Traum.

1977 wurde mein Vater ins Gefängnis geschickt. Dieses Mal klagten sie ihn an, er sei ein Terrorist, ein Kommunist. Wir aber wußten sehr wohl, daß wir nur arm waren. Die Gemeinschaft versuchte, gegen die Behörden zu prozessieren. Um sich an einen Bürgermeister zu wenden, braucht man einen Gewährsmann; um sich an einen Gouverneur zu wenden, muß man einen Anwalt suchen; und um mit den Parlamentsabgeordneten oder dem Präsidenten zu sprechen, muß man all diese Aufschübe, dieses Herumgereichtwerden von einer Person zur nächsten erdulden. Man muß warten können, und wir Bauern haben keine Zeit mehr zu warten.

Seit damals mußten wir uns organisieren. Wie ich schon gesagt habe, war und bin ich eine glühende Katechetin. In der Gemeinschaft begannen wir nun gemeinsam darüber nachzudenken, was uns die Bibel lehrte. Die Geschichte von Judith beispielsweise hat mich sehr beeindruckt: die köpfte den König, um ihr Volk zu retten. Auch wir begriffen, daß wir angesichts der Gewalt der Reichen mit einer anderen Gewalt, derjenigen der Gerechtigkeit, antworten mußten. Auch das Beispiel von Moses half uns sehr: Moses, der sein Volk durch die Lande führte, um es zu retten. Wir begannen, Lager zu errichten, um die Nacht in den Bergen verbringen zu können und so zu verhindern, daß die Truppe uns tötete, während wir schliefen. Wir hatten die Kinder gelehrt, tagsüber die Wege zu überwachen und uns zu warnen, wenn die Soldaten im Dorf ankamen. Dies war der Anfang unserer Selbstverteidigung. Und wir haben unseren Kampf über die Bibel organisiert. Andererseits hatten wir auch das Beispiel unserer Vorfahren, unter denen es viele Märtyrer und große Helden gab. Damit wir stillhalten sollten, wollten sie uns glauben machen, daß diese nicht gekämpft haben, als die Eroberer ankamen. Aber wir wissen sehr genau, was damals geschehen ist. Sie ließen uns keine Schriftstücke, und darüber hilft uns auch die Bibel nicht weiter. Aber sie stimmt mit unserem eigenen Glauben überein. Denn auch wir kennen nur einen Gott, die Sonne, die das Herz des Himmels ist.

Deshalb organisierten wir uns, und die Antwort war eine enorme Repression, und vor allem die Verfolgung der Katecheten. Zu dieser Zeit wurde mein Vater freigelassen. Im Gefängnis hatte er einen Ladino kennengelernt, einen politischen Gefangenen, der ihm erklärte, daß der Feind nicht nur der große *patron* sei, der uns von unserem Stück Land vertreiben will. Er begriff gleichzeitig, daß unser Kampf nicht mehr derselbe wie in der Vergangenheit sein konnte und daß er sich für den Untergrund entscheiden und ein geheimes Leben führen mußte, da sein Leben in Gefahr war. Und so war er nie mehr zuhause. Wir erfuhren nicht, wohin er ging, denn er wußte, daß unser Leben in Gefahr war, wenn wir mit ihm Kontakt gehabt hätten.

Sie brauchten nicht lange, um herauszufinden, wer die Aktivsten waren in der Gemeinschaft. Über das Kooperativsystem gelang es ihnen, die Führer zu erkennen. Die *Comités de Unidad Campesina* (Komitee der Bauerneinheit) wurden 1978 geschaffen. Mein Vater trat bei, denn damals sahen wir unsere Probleme schon von einem politischen Gesichtswinkel aus. In Wirklichkeit gelangten wir selber zu dieser Erkenntnis, das ist auch nichts Außergewöhnliches, weil wir, die Armen, ja die einzigen sind, die wissen, was Hunger, Leiden, Schmerz sind. Als in Panzós 106 Bauern — Männer, Frauen und Kinder, die nie Fleisch gekostet, nie ein Paar Schuhe gehabt haben — ermordet wurden, intensivierten wir unseren Kampf. Ihr Tod gab uns Hoffnung, weil es ungerecht wäre, wenn dieses Blut für immer vergossen wäre; unsere Aufgabe auf dieser Erde ist, es wiederzubeleben.

Einer meiner Brüder war Katechet; der andere war Sekretär einer Kooperative des Dorfes, das war sein einziges Verbrechen, aber sie entführten ihn, und er war 16 Tage lang in den Händen der Armee, die ihn folterte. Er war erst 14 Jahre alt, sie rissen ihm die Fingernägel aus, schnitten ihm die Zunge ab, zerschnitten ihm die Fußsohlen, verbrannten ihm die Haut. Ich habe das mit eigenen Augen gesehen, und ich werde es nie vergessen! Eines Tages ließ die Armee einen Aufruf in den Gemeinden zirkulieren, in dem allen Leuten befohlen wurde, sich am folgenden Tag in einem der Dörfer einzufinden, um der Bestrafung, die den Guerilleros zukommen sollte, beizuwohnen. "Sicher wird mein Sohn dort sein", sagte meine Mutter. Und wir wanderten die ganze Nacht durch und noch einen Teil des Tages, um dort anzukommen. Mein Vater, der erfahren hatte, daß mein Bruder verschwunden war, begleitete uns. Um acht Uhr morgens kam ein Militärlastwagen an; sie ließen etwa zwanzig Männer aussteigen, die schon nicht mehr wie Menschen aussahen, und unter ihnen war mein jüngerer Bruder. Wir hatten Schwierigkeiten, ihn wiederzuerkennen, und wir waren nicht sehr sicher, ob er es war; er war so übel zugerichtet, daß er schon nicht mehr wie eine Person aussah. Wir konnten dort die schrecklichen Leiden unserer Kameraden sehen und feststellen, daß sie die Leute des Nachbardorfes oder Bekannte von uns, die wir in den *fincas* angetroffen hatten, Guerilleros nannten, unter anderem die Katecheten und meinen jüngeren Bruder. Und man mußte diese schreckliche Sache sehen, es war der größte Schmerz meines Lebens. Bis zu diesem Zeitpunkt hatte ich am meisten darunter gelitten, daß meine beste Freundin, ebenfalls Katechetin, neben mir gestorben war, vergiftet, nachdem ein Flugzeug über uns hinweggeflogen war und Rauchbomben abgeworfen hatte.

Sie stellten die Gefangenen, die Uniformen trugen, in eine Reihe auf; der Hauptmann, der das Peloton kommandierte, hielt eine Rede, die er immer wieder unterbrach, um dem Peloton zu befehlen, daß es die Gefangenen auf den Beinen halten solle. Sie wurden mit Kolbenschlägen aufgestellt, aber brachen dann wieder zusammen. Am Ende seiner Rede erklärte der Hauptmann, daß alle Subversiven auf diese Weise behandelt würden. Und als er Befehle gab, sie auszuziehen, mußte man ihnen die Uniform wegschneiden, weil sie wegen des Blutes der Wunden an der Haut klebte. Und wir sahen, wie übel ihre Körper zugerichtet waren. Diese wurden nun zusammengebunden und zu einem Haufen aufeinandergelegt. Dann befahl der Hauptmann, Benzin über sie auszugießen und sie anzuzünden. Ich schaute meinen Bruder an, der — wie auch die anderen — nicht sofort starb. Einige schrien, andere konnten schon nicht mehr atmen und schrien nicht, aber bewegten sich weiter, ihre Körper krümmten sich. Zu allem Unglück gab es in unseren Weilern kein Wasser, und wir konnten das Feuer nicht löschen, das sie verzehrte; als Wasser endlich da war, war es schon zu spät.

Das war es, was ich als Zeugnis ablegen kann. Es gibt noch eine Menge von Details, aber das würde sehr lang werden. Ich kämpfe, damit man mich als menschliches Wesen anerkennt und als solches behandelt.

Einmal hörte ich einen Ladino sagen: "Ich bin arm, aber hören Sie mal, ich bin kein Indio." Dann habe ich aber auch Ladinos kennengelernt, die mit uns kämpften und die begriffen haben, daß wir das gleiche wie sie sind, menschliche Wesen. Wenn ich Ihnen nun mein Leben erzählt habe, wenn ich von dieser Möglichkeit Gebrauch gemacht habe, dann deshalb, weil ich weiß, daß mein Volk seine Geschichte nicht erzählen kann, die aber keine andere als meine ist. Ich bin nicht die einzige Waisin; fast sämtliche meiner Nachbarn, alles Freunde und Bekannte von mir, wurden ermordet und haben Waisenkinder hinterlassen. (27)

(27) *"die tageszeitung" vom 11. Juni 1982. Seite 12 ff. Das spanische Original erschien am 29. Mai 1982 in der mexikanischen Zeitschrift "Uno más uno".*

Kaffee: Handeln

Der Weltkaffeehandel

Den internationalen Handel mit Kaffee durchschaubar und verständlich zu machen, ist ein schwieriges Unterfangen.
Das folgende Kapitel will Zahlen kommentieren, Entwicklungen nachzeichnen und Zusammenhänge aufzeigen.
Die Industrieländer könnten auf Kaffee verzichten, viele Entwicklungsländer nicht. Ihre Wirtschaft ist heute zu einem wesentlichen Teil vom Kaffeeanbau abhängig. Die Deviseneinnahmen aus dem Kaffee-Export sind eine wesentliche Grundlage für die Wirtschaft des Landes. Dies bedingt Abhängigkeit der Kaffeeanbauländer von den Kaffeeimportländern.
Insgesamt werden auf der Erde jährlich über 90 Millionen Sack Kaffee (zu je 60 Kilogramm) produziert (Kaffeejahr 1983/84). Von dieser Menge werden rund 65 Millionen Sack exportiert (1), rund 90 Prozent an die Mitgliedsländer des Kaffeeabkommens, rund 10 Prozent außerhalb des Abkommens. Die Differenz verbleibt in den Kaffeeländern zum eigenen Verbrauch oder wird gelagert. Das sind rund 25 Tassen Kaffee jährlich für jeden Bewohner der Erde. Der durchschnittliche Konsum in der Bundesrepublik liegt bei 1.000 Tassen pro Person im Jahr, Säuglinge und andere Nicht-Kaffeetrinker eingeschlossen.
Mit Produktion, Verteilung und Weiterverarbeitung sind weltweit 20 Millionen Menschen beschäftigt, die meisten in den Entwicklungsländern zu einem Hungerlohn.
Allein die Europäische Gemeinschaft kauft fast die Hälfte der Weltkaffee-Exportmenge auf, ein weiteres Drittel die Vereinigten Staaten. Die Industrieländer der westlichen Hemisphäre haben damit im internationalen Kaffeehandel das Sagen.

Weltmarktabhängigkeit

Wenn man sagt, daß die Länder der Dritten Welt vom "Weltmarkt" abhängig sind, dann ist dies richtig, klingt aber sehr allgemein. Was versteht man unter "Weltmarkt", und worin besteht die Abhängigkeit der Entwicklungsländer?
Die Länder der Dritten Welt sind — wenn sie sich das Ziel "wirtschaftlicher Entwicklung" setzen, ein Ziel, das angesichts der verbreiteten Massenarmut und Not kaum von der Hand zu weisen ist — auf die Einfuhr bestimmter Produkte und Dienstleistungen aus den Industrieländern angewiesen. Technische Hilfsmittel, Maschinen, organisatorische und technische Kenntnisse müssen von ihnen vor allem in den kapitalistischen Zentren Westeuropas und der USA gekauft werden, falls man die grundlegenden Bedürfnisse der Bevölkerungsmehrheit auf absehbare Zeit befriedigen will — oder falls Unternehmer ihre Gewinnsituation verbessern wollen. Dieser Zwang besteht für repressive Diktaturen in der Dritten Welt ebenso — wenn auch in zum Teil anderer Form — wie für fortschrittlich orientierte Länder wie Nicaragua oder Angola.
Damit verbunden ist in der Regel zugleich der Zwang, sich im Ausland zu verschulden, da die Durchführung größerer Entwicklungsprogramme oder der Erwerb umfangreicher und höherwertiger Importe kaum bar bezahlt werden können. So müssen Kredite bei ausländischen Privatbanken, anderen Regierungen oder den internationalen Finanzinstitutionen (zum Beispiel: Weltbank, Internationaler Währungsfonds) aufgenommen werden.
Damit sind bereits zwei Elemente der Abhängigkeit der Länder der Dritten Welt vom Weltmarkt benannt: die Abhängigkeit vom Import von Maschinen und anderen Waren und vom internationalen Kreditmarkt. Diese beiden Abhängigkeiten führen direkt zu einer dritten: Um die notwendigen — und die dazukommenden nicht-notwendigen — Importe finanzieren sowie die Kredite zurückzahlen zu können, entsteht die Notwendigkeit, sich konvertible (das heißt: gegenseitig einwechselbare) Devisen zu verschaffen: vor allem US-Dollar, aber auch deutsche Mark, englische Pfund und andere. Diese Devisenabhängigkeit hat tiefgreifende Auswirkungen auf die interne Struktur der meisten Länder der Dritten Welt: Die einzi-

(1) *"Kaffee & Tee-Markt", Heft XXXIII/18 vom 20. September 1983. Seite 23*

ge tatsächliche Möglichkeit der Devisenbeschaffung — sieht man von verstärkter Verschuldung ab, wodurch das Problem allerdings nur verschoben und längerfristig verschärft wird — liegt im Export.
Die Länder der Dritten Welt sind daher in aller Regel extrem stark exportabhängig: Nur durch den Verkauf von Waren nach außen, vorzugsweise in die kapitalistischen Industrieländer, sind ihre Entwicklungsprogramme, Technologie- und Know-How-Importe und ihre Verschuldung finanzierbar.
Daraus resultieren zwei Zwänge, die kaum vermeidbar sind: Welche Waren exportiert werden können, wird nicht nach den Entwicklungserfordernissen der Dritte-Welt-Länder bestimmt, sondern durch die Nachfrage auf dem Weltmarkt. Konkret bedeutet dies, daß diese Länder sich an die Nachfrage in den USA, Westeuropa, Japan und einigen kleineren Zentren anpassen müssen, wenn sie überhaupt ein gewisses Maß an Exportfähigkeit erreichen wollen.
Praktisch bedeutet diese Anpassungserfordernis häufig die Tendenz, die auf die Eigenversorgung oder die auf den Binnenmarkt orientierten Produktionsbereiche zugunsten der auf den Export zielenden Sektoren abzubauen. Klassische Beispiele: Wo zuvor Bohnen und andere Nahrungsmittel für den Binnenmarkt wenig profitabel angebaut wurden, werden nun Kaffee oder Baumwolle für den Export erzeugt. Meist werden gerade die fruchtbarsten Böden für die Exportproduktion genutzt.

Abhängigkeit vom Kaffee

1980: "Mit einem Jahresexportwert von rund 12 Mrd. Dollar ist Kaffee nach dem Erdöl die Welthandelsware Nummer Zwei. Zwölf Mrd. Dollar bedeuten zwar nur einen Anteil von etwa 1 Prozent am gesamten Außenhandel der Welt, aber doch immerhin 6 Prozent des Exports der Entwicklungsländer ohne die OPEC-Staaten. Die Kaffee-Produktionsländer sind ausnahmslos Entwicklungsländer. Einige von ihnen können schon als 'Schwellenländer' bezeichnet werden, etwa Brasilien oder Mexiko. Aber auch einige der ärmsten Länder der Welt sind Kaffeeproduzenten: in der Liste der 29 *'least developed countries'* finden sich nicht weniger als elf Kaffee-Anbauländer.
Die Kaffee exportierenden Entwicklungsländer können ausnahmslos als stark exportabhängig gekennzeichnet werden, aber sie sind nicht alle stark kaffee-exportabhängig; denn Kaffee hat einen im Einzelfall ganz unterschiedlichen Anteil an den Ausfuhrerlösen der Produktionsländer. Die Skala reichte hier im Jahre 1979 von weniger als 0,1 Prozent im Ölland Nigeria bis zu einem Rekordanteil von 97,9 Prozent im afrikanischen Binnenland Uganda. Zur Beurteilung der Abhängigkeit eines Landes vom Kaffee-Export gehört darüber hinaus auch noch die Feststellung, ob etwa die Exporte zu einem ungewöhnlich großen Teil in ein einziges Abnehmerland fließen (Beispiel: die Lieferungen Mexikos in die benachbarten USA oder die Ausfuhren Papua-Neuguineas nach Australien)." (2)

1981 beliefen sich die Devisenerlöse der ICO-Produktionsländer nur auf 8.600 Mio. Dollar gegenüber 11.586 Mio. Dollar 1980 — und dies bei weiter steigender Weltproduktion. (3)

(2) *"Kaffee & Tee-Markt", Heft XXXI/21 vom 5. November 1981. Seite 11*
(3) *Deutscher Kaffeeverband, Jahresbericht 1981*

Extrem kaffee-exportabhängige Länder (über 75 % Anteil des Kaffees an den gesamten Exporterlösen):

Uganda	94 %	(1979: 98 %)
Burundi	86 %	(1979: 80 %)

Stark kaffee-exportabhängige Länder (über 50 % bis 75 % Anteil des Kaffees an den gesamten Exporterlösen):

Äthiopien	75 %	(1979: 68 %)
Ruanda	71 %	(1978: 64 %)
Kolumbien	65 %	(1980: 58 %)
El Salvador	55 %	(1980: 53 %)

Mäßig kaffee-exportabhängige Länder (über 25 % bis 50 % Anteil des Kaffees an den gesamten Exporterlösen):

Madagaskar	45 %	(1979: 40 %)
Guatemala	37 %	(1980: 31 %)
Haiti	37 %	(1980: 35 %)
Tansania	36 %	(1979: 30 %)
Elfenbeinküste	33 %	(1979: 36 %)
Kenya	33 %	(1979: 26 %)
Costa Rica	31 %	(1980: 24 %)
Nicaragua	31 %	(1980: 35 %)
Kamerun	30 %	(1979: 27 %)
Honduras	28 %	(1980: 23 %)

Wenig kaffee-exportabhängige Länder (über 10 % bis 25 % Anteil des Kaffees an den gesamten Exporterlösen):

Angola	ca. 25 %	(geschätzt)
Zentralafrikanische Republik	24 %	(1979: 25 %)
Papua-Neuguinea	22 %	(1979: 18 %)
Sierra Leone	21 %	(1979: 17 %)
Zaire	16 %	(1979: 12 %)
Brasilien	16 %	(1980: 14 %)
Dominikanische Republik	14 %	(1980: 8 %)
Ecuador	13 %	(1980: 6 %)
Togo	13 %	(1978: 8 %)

Kaum kaffee-exportabhängige Länder (unter 10 % Anteil des Kaffees an den gesamten Exporterlösen):

Dem. Rep. Kongo	9 %	(1978: 9 %)
Indien	8 %	(1979: 3 %)
Peru	7 %	(1980: 4 %)
Mexico	6 %	(1980: 3 %)
Benin	5 %	(1978: 2 %)
Liberia	5 %	(1979: 5 %)
Paraguay	3 %	(1979: 2 %)
Indonesien	3 %	(1979: 4 %)
Philippinen	3 %	(geschätzt)
Panama	2 %	(1979: 3 %)
Bolivien	2 %	(1979: 3 %)
Jamaica	1 %	(1979: 1 %)
Malawi	1 %	(1979: 1 %)
Trinidad & Tobago, Venezuela, Gabun, Ghana, Nigeria	0 %	(unter 0,5 %)

"Um zu einer groben Gruppierung der Kaffeeländer nach dem Grad ihrer Kaffee-Exportabhängigkeit zu gelangen, wurden deshalb die Daten für die jeweils letzten drei Jahre ausgewertet, für die schon Außenhandelsstatistiken vorliegen (im allgemeinen die Periode von 1977 bis 1979, in einigen Fällen auch schon 1978 bis 1980). Für einige wenige Länder mußte mit mehr oder minder groben Schätzungen gearbeitet werden. Ohne somit Anspruch auf absolute Genauigkeit erheben zu wollen, stellt sich die Abhängigkeit der Kaffee produzierenden Entwicklungsländer von diesem einen Exportprodukt ungefähr folgendermaßen dar (jeweils neueste verfügbare Daten in Klammern)." (4)

(4) "Kaffee & Tee-Markt", Heft XXXI/21 vom 5. November 1981. Seite 11 ff

In Afrika ist die Kaffee-Exportabhängigkeit am stärksten. Dort befinden sich die beiden einzigen extrem abhängigen Länder ebenso wie die Hälfte der stark abhängigen Staaten, und die durchschnittliche Abhängigkeit der afrikanischen Produktionsländer liegt bei schätzungsweise 30 Prozent Anteil des Kaffees an den gesamten Exporterlösen dieser Staaten. In Lateinamerika ist die Abhängigkeit vom Kaffee-Export durchweg weniger stark, wenn auch zwei Länder zur Gruppe der deutlich abhängigen gehören; im Durchschnitt stammen für diese Staatengruppe jedoch nur etwa 20 Prozent der Deviseneröse aus der Kaffeeausfuhr.

Die Länder Asiens und Ozeaniens sind am wenigsten vom Kaffee-Export abhängig, im Durchschnitt schätzungsweise 10 Prozent. Mit Ausnahme von Papua-Neuguinea gehören alle Staaten dieses Gebietes zu den kaum kaffee-exportabhängigen.

Anmerkung:
Für einige wenige Kaffeeländer ohne jede Kennzeichnung lagen weder exakte Daten noch Anhaltspunkte für fundierte Schätzungen vor (zum Beispiel: Guinea, Vietnam, Sri Lanka). (5)

Anteil des Kaffees am Gesamtexport

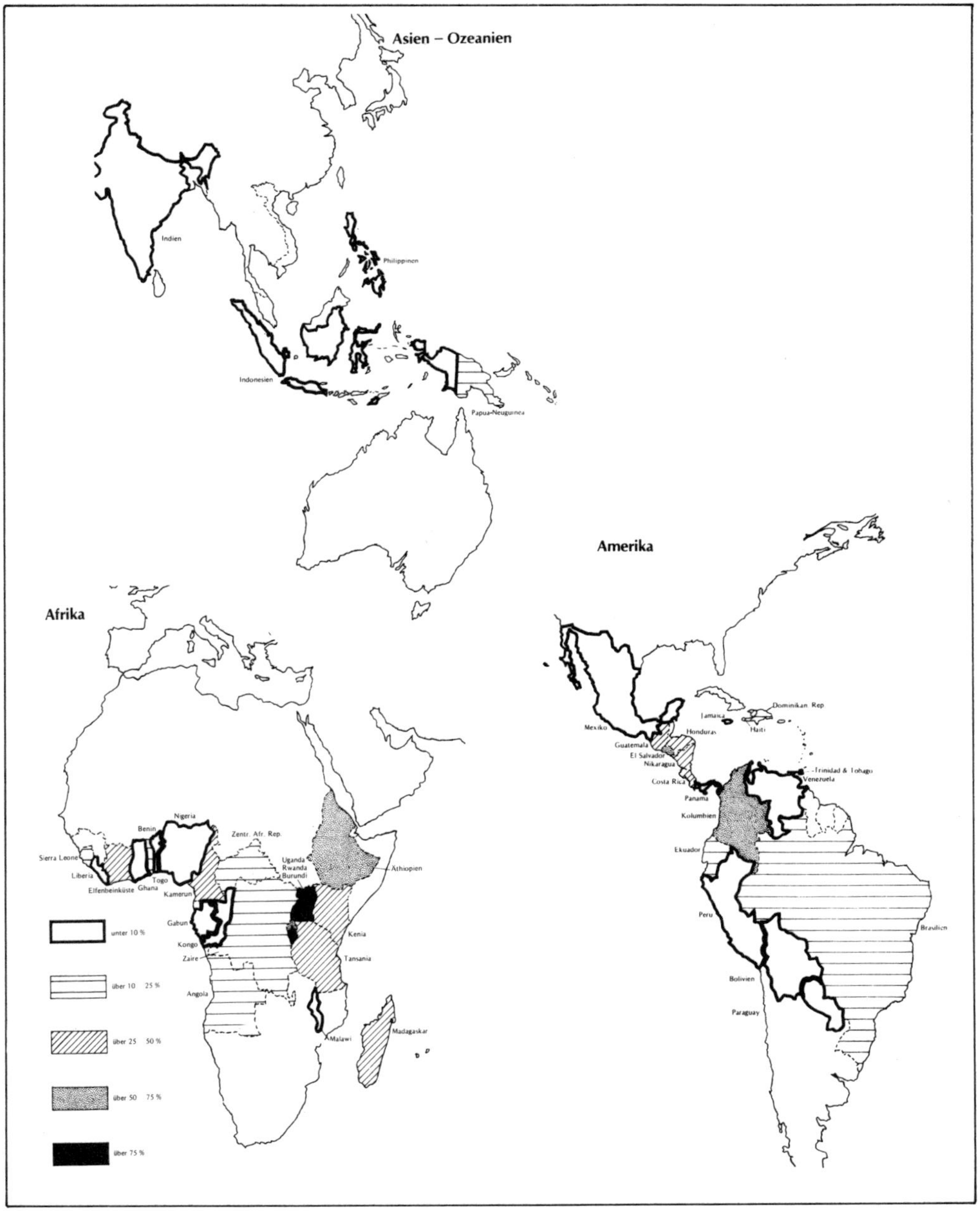

(5) "Kaffee & Tee-Markt", Heft XXXI/21 vom 5. November 1981. Seite 12 ff

Diese skizzierte Kette von Abhängigkeiten wird durch zwei zusätzliche Elemente ergänzt: Aufgrund lokaler und regionaler Bedingungen (zum Beispiel Vorhandensein oder Fehlen von Bodenschätzen, Verhältnisse des Klimas und des Bodens, traditionelle Einflüsse, Infrastruktur) bedeutet die abstrakte "Abhängigkeit vom Weltmarkt" konkret die Abhängigkeit davon, ein, zwei oder drei Rohstoffe profitabel an die Industrieländer verkaufen zu können. In extremen Fällen sind einzelne Länder der Dritten Welt fast vollkommen auf den Export eines einzigen Produktes (beispielsweise Kaffee) angewiesen.

Gleichzeitig sind die Rohstoffpreise auf dem Weltmarkt extremen Schwankungen unterworfen. Daher wird der Preis der Exporte der Dritten Welt natürlich nicht nach den finanziellen Erfordernissen der Entwicklungsländer oder nach sozialen Kriterien bestimmt, sondern nach dem Mechanismus von "Angebot und Nachfrage".

Wird also ein bestimmtes Produkt — wie Kaffee — weltweit zu "erfolgreich" hergestellt und in größeren Mengen als zuvor auf den Markt gebracht, oder sinkt in den Industriestaaten der Verbrauch des entsprechenden Produktes (etwa als Folge wirtschaftlicher Krisen oder technologischer Neuerungen), dann sinkt auch der Rohstoffpreis — ohne Rücksicht auf die bereits zuvor miserablen Lebensbedingungen der direkten Produzenten in der Dritten Welt. Preiserhöhungen erfolgen durch eine Umkehr dieses Mechanismus.

Die Entwicklungsmöglichkeiten, aber auch das Ausmaß sozialer Konflikte (sowie viele weitere Faktoren) hängen so in den Ländern der Dritten Welt weitgehend von den Preisschwankungen von ein oder zwei Rohstoffen auf dem Weltmarkt ab.

Aus dem bisher Gesagten sollte deutlich geworden sein, daß die Abhängigkeit der Entwicklungsländer nicht das Ergebnis von bösen Absichten oder finsteren Plänen und nicht ursächlich das Werk räuberischer Konzerne ist. Die Abhängigkeit der Dritten Welt resultiert aus der Struktur der Weltwirtschaft, das Problem liegt in der Existenz und Wirkung eines wirtschaftlichen Systems und nicht darin, daß einzelne Bösewichter (seien es Staaten oder Konzerne) ihr Unwesen treiben. Solche Faktoren, Druck, Erpressung, Manipulation und ähnliche Mittel treten natürlich hinzu, sie verschärfen und stabilisieren diese Abhängigkeiten, rufen sie allerdings nur selten hervor — im Gegensatz zur Frühzeit des Kolonialismus.

Kaffeepreisentwicklung und *terms of trade*

Der Begriff "Kaffeepreis" klingt ausgesprochen einfach, und doch ist bei seiner Verwendung ein Mindestmaß an Präzision angebracht. "Kaffeepreis" kann bedeuten: den Weltmarktpreis für Rohkaffee, zu dem die Handelsgesellschaften das Rohprodukt von den Erzeugerländern einkaufen, oder aber den Konsumentenpreis, der in den Industrieländern für fertig gerösteten Kaffee bezahlt werden muß. Zugleich darf nicht vergessen werden, daß die nominale Preisentwicklung noch nicht viel über die reale Kaufkraftentwicklung aussagt. Von 1950 bis heute hat sich der Preis für Rohkaffee an der New Yorker Börse beispielsweise verdoppelt. Da in der gleichen Zeit die Preise für Industrieerzeugnisse und andere Waren, die die Kaffee-Erzeugerländer mit ihren Kaffee-Exporterlösen bezahlen müssen, in der Regel aber weitaus stärker gestiegen sind, ist über alle Preisschwankungen hinweg der Wert des Kaffees tatsächlich gesunken.

Folgendes Schaubild verdeutlicht die Entwicklung der Weltmarkt-Rohkaffeepreise seit 1913, wenn man sie von inflationären Effekten bereinigt:

Die Entwicklung der Kaffeepreise (inflationsbereinigt) 1913-1979

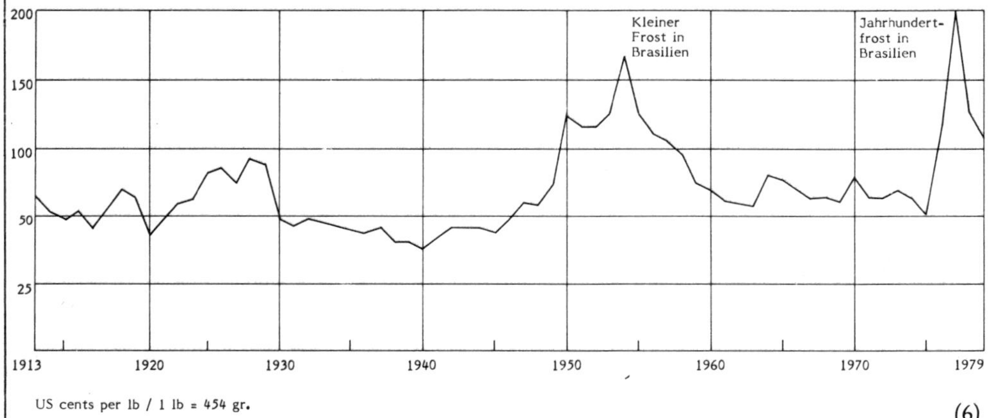

(6)

Dadurch ist der Kaffee für die Konsumenten in Europa im Vergleich zur Entwicklung der Einkommen und anderen Preisen relativ billiger geworden. Ein Industriearbeiter muß heute für den Kauf von einem Kilo Kaffee in der Bundesrepublik wesentlich kürzer arbeiten als früher.

"In der Bundesrepublik Deutschland mußte 1979 ein Industriearbeiter eine Stunde und 30 Minuten arbeiten, um von dem Bruttolohn 1 Kilogramm Kaffee im Einzelhandel bezahlen zu können. Mit diesem Zeitaufwand liegt die Bundesrepublik im Mittelfeld, obwohl in dem Einzelhandelspreis die Kaffeesteuer enthalten ist, die nur noch in zwei anderen Ländern erhoben wird. In einem Vergleich des Arbeitszeitaufwandes eines Industriearbeiters für den Kauf von 1 Kilogramm Röstkaffee in den Jahren 1970, 1975 und 1979 ist die Bundesrepublik das einzige Land, in dem auch in der letzten Vergleichsperiode (1979 gegenüber 1975) weniger gearbeitet werden mußte. Darin kommt zum Ausdruck, daß die Löhne stärker gestiegen sind als die Kaffeepreise, trotz der Rohkaffeehausse.
Im Jahre 1970 mußte der deutsche Industriearbeiter noch den Lohn von zwei Stunden und 41 Minuten für 1 Kilogramm Röstkaffee ausgeben, 1975 (dem Jahr vor der Kaffeehausse) benötigte er nur noch eine Stunde und 39 Minuten und 1979 neun Minuten weniger." (7)

Arbeitszeitaufwand eines Industriearbeiters (in Minuten)

	1970	1980
Mischbrot, helles, 1 kg	13	12
Zucker, Raffinade, 1 kg	11	8
Speisekartoffeln, 5 kg	18	22
Kotelett, 1 kg	80	49
Butter, 1 kg	71	41
Margarine, Spitzensorte, 1 kg	26	20
Bohnenkaffee, 1 kg	161	102

(8)

Erscheint dieser Trend für die Konsumenten in den Industrieländern als vorteilhaft, so ist er für die Kaffee-Erzeugerländer (und erst recht für die eigentlichen Produzenten) ein schwerer Nachteil: Ein Sack Kaffee kann tendenziell immer weniger an Industrieprodukten bezahlen, und zum Erwerb

(6) *Zusammengestellt nach: Campaign Co-op (Hg.): The World in Your Coffee Cup. London 1976. Seite 15. Und: ICO, Quarterly Statistical Bulletin on Coffee. Volume 3, Number 4. London 1980*

(7) *"Kaffee & Tee-Markt", Heft XXXI/7 vom 6. April 1981. Seite 8*

(8) *"Kaffee & Tee-Markt", Heft XXXI/3 vom 5. Februar 1981. Seite 2*

eines bestimmten Industrieproduktes müssen die Länder der Dritten Welt immer mehr Kaffee liefern.
Diese Tatsache wird durch folgendes Schaubild verdeutlicht, das gegenüberstellt, wie viele Sack Kaffee 1969 und 1979 nötig waren, um den Gegenwert eines 16-Tonnen-Lastwagens zu erwirtschaften.

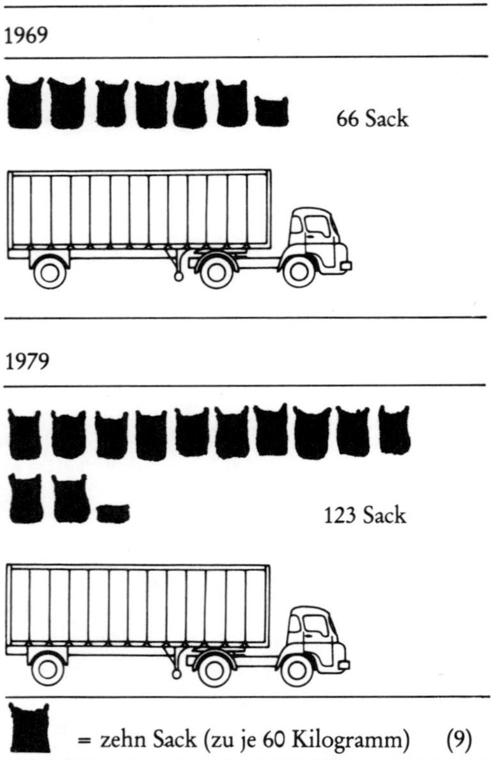

Diese für die Dritte Welt so ungünstige Entwicklung, die die beschriebenen Abhängigkeiten verstärkt und dramatisiert, wird häufig als Verschlechterung der *terms of trade* (Welthandelsbedingungen) für die Entwicklungsländer bezeichnet.
Diese Entwicklung hängt — neben den bestehenden Machtverhältnissen — vor allem mit dem unterschiedlichen Niveau der Kapitalintensität der Produktion von Rohstoffen und Fertigprodukten, und damit verbunden, mit den unterschiedlichen Möglichkeiten von Rationalisierungen und Produktivitätssteigerungen in beiden Sektoren zusammen. Kaffee- und andere Rohstoffpreise können daher prinzipiell nicht "gerecht" oder "fair" sein, so wenig, wie sie "schön" oder "böse" sein könnten — wenn man sich nicht auf seine persönliche Auffassung von Gerechtigkeit und Fairness als entscheidende ökonomische Instanz verlassen will. Stellt man sich nämlich einen verdoppelten, verzehnfachten oder gar verhundertfachten Kaffeepreis vor, so ist es nicht möglich anzugeben, bei welchem Punkt er "gerecht" wäre.
Andererseits läßt sich durchaus feststellen, bei welchem Rohstoffpreis ein größeres Ausmaß an Arbeitslosigkeit in einem jeweiligen Entwicklungsland die Folge wäre, oder bei welchem Niveau Hungersnöte einträten.

Kaffeepreisbildung

Vereinfacht kann festgestellt werden, daß mindestens vier Faktoren den Weltmarktpreis für Rohkaffee bestimmen.
1. die Höhe des weltweiten Kaffeeangebotes
2. der Umfang des weltweiten Konsums
Dies sind letztlich die beiden entscheidenden Faktoren. Allerdings kommen zwei weitere hinzu, die auf Grundlage dieser beiden und unter deren Ausnutzung den Kaffeepreis beeinflussen.
3. Spekulations- und Manipulationsbemühungen der Kaffeeaufkäufer, um den Preis zu drücken; und
4. Bemühungen der Produzentenländer, einzeln oder gemeinsam den Preis zu stabilisieren oder zu erhöhen.
Die kaffeeproduzierenden Länder müssen aus ihrer Interessenlage heraus zwei Ziele ansteuern: die Stabilisierung des Preisniveaus, also die Vermeidung extremer Preisschwankungen, und die Hebung des Preisniveaus. Das zentrale Problem für eine mittelfristig erfolgreiche und stabile Anhebung der Preise besteht darin, daß im Weltmaßstab seit Jahrzehnten Kaffeeüberschüsse produziert werden, also die Kaffeeproduktion wesentlich über dem weltweiten Konsum liegt. Das Ergebnis: Zu-

(9) Campaign Co-op (Hg.): The World in Your Coffee Cup. London 1980 (2. Auflage). Seite 9

sätzlich zu den jährlichen Kaffee-Ernten existieren bereits gigantische Vorräte. Insgesamt ergibt sich zu Beginn der 80er Jahre das Bild, daß einem weltweiten Konsum von etwa 80 bis 85 Millionen Sack (zu je 60 Kilogramm) eine Produktion von etwa 80 bis 100 Millionen Sack Kaffee gegenübersteht, daß aber bereits Vorräte von 25 bis 44 Millionen Sack jährlich vorhanden sind. Daher lag das Kaffeeangebot beispielsweise 1981-83 bei rund 130 Millionen Sack. (10)

Dieser riesige Überschuß im Weltkaffeeangebot drückt notwendigerweise die Kaffeepreise und schwächt die Verhandlungsposition der Entwicklungsländer bei den Preisverhandlungen.

Dem Problem liegen strukturelle Ursachen zugrunde: Für die einzelnen Kaffee-Erzeuger ist es ein höchst rationales Verhalten, zur Steigerung der Profite ihre eigene Produktion zu steigern, insbesondere bei steigenden Kaffeepreisen.

Für die Gesamtheit der Produzenten und Produzentenländer hat dies allerdings böse Folgen: Das Weltkaffeeangebot steigt und drückt die Preise — mit dem Erfolg, daß auch die einzelnen Produzenten trotz ihrer erhöhten Produktion schlechter dastehen können als zuvor.

Als mittelfristige Lösung des Problems ist nur denkbar, daß sich die Produzentenländer zu einem Kartell zusammenschließen, künstlich Kaffee vom Markt fernhalten und so durch eine Reduzierung des Angebots die Preise stützen.

Weltkaffee-Versorgung und -Verteilung

(in 1 000 Sack a 60 kg)

Gesamte Welt	Lagerbestand Jahresanfang*)	Welt-Ernte	Produktionsländer Importe	Gesamt-Angebot	Heimkonsum der Produktionsländer	Exporte: Rohkaffee	Exporte: Röstkaffee	Exporte: löslicher Kaffee	Exporte: Total	Lagerbestand Jahresende *)
1961/62	65,124	75,948	279	141,351	21,071	45,960	56	135	46,152	74,129
1962/63	74,129	67,788	257	142,174	14,684	46,781	42	123	46,949	80,539
1963/64	80,539	65,338	182	146,059	17,613	50,886	69	118	51,073	77,372
1964/65	77,372	52,652	178	130,202	16,738	41,769	58	78	41,906	71,557
1965/66	71,557	82,154	249	153,960	17,801	49,670	37	257	49,966	86,190
1966/67	86,190	63,384	279	149,853	19,248	48,328	26	564	48,919	81,686
1967/68	81,686	71,142	273	153,101	18,069	54,723	55	741	55,520	79,516
1968/69	79,516	63,286	229	143,031	19,635	52,546	76	963	53,586	69,810
1969/70	69,810	69,625	267	139,702	18,888	53,865	83	1,161	55,108	65,707
1970/71	65,707	59,425	505	125,637	19,368	50,554	112	1,253	51,920	54,351
1971/72	54,351	73,312	524	128,187	19,049	56,650	249	1,589	58,488	50,648
1972/73	50,648	77,197	498	128,343	17,455	59,009	346	2,045	61,401	49,492
1973/74	49,492	65,731	563	115,786	19,013	58,299	192	2,149	60,639	36,133
1974/75	36,133	82,786	564	119,483	19,216	53,308	235	1,985	55,528	44,738
1975/76	44,738	73,159	525	118,422	19,194	57,299	371	2,164	59,837	39,394
1976/77	39,394	60,907	579	100,880	18,397	54,240	351	2,224	56,767	25,716
1977/78	25,716	70,849	602	97,167	18,783	47,759	185	894	48,837	29,547
1978/79	29,547	78,942	713	109,202	19,482	61,916	225	2,430	64,571	25,149
1979/80	25,149	81,917	729	107,795	19,993	59,015	224	2,521	61,758	26,044
1980/81	26,044	86,159	676	112,879	20,601	56,983	160	2,785	59,931	32,347
1981/82	32,347	98,339	740	131,426	21,452	60,336	187	3,961	64,484	45,490
1982/83	45,490	81,499	753	127,742	21,041	62,543	185	3,125	65,853	40,848
1983/84	40,848	95,014	716	136,578	21,712	62,551	190	3,394	66,135	48,731

*) am Anfang des jeweiligen Kaffeejahres

(11)

(10) *"Kaffee & Tee-Markt", Heft XXXIII/3 vom 7. Februar 1983. Seite 3*

(11) *"Kaffee & Tee-Markt", Heft XXXIII/18 vom 20. September 1983. Seite 23*

Die Weltkaffeeabkommen

"Gleichgewicht zwischen Angebot und Konsum soll das Weltkaffeeabkommen herbeiführen. 48 Staaten, die Kaffee produzieren — 99 Prozent des Angebots auf dem Weltmarkt —, und 26 Kaffeekonsumländer, darunter die USA und die Bundesrepublik, haben sich im Rahmen dieses Weltkaffeeabkommens zusammengeschlossen. Vor allem sollen die Preise der Erzeugerländer auf einem für beide Seiten akzeptablen Niveau stabilisiert werden. Dies ist in den letzten vier Jahren auch im wesentlichen geglückt. Langfristig hat sich das Weltkaffeeabkommen einen Ausgleich zwischen Kaffeeangebot und -nachfrage zum Ziel gesetzt, auch wenn dieses Ziel nur schwer zu erreichen sein wird. Über kurzfristige preisstabilisierende Maßnahmen wird regelmäßig in London — dem Sitz der Welt-Kaffeeorganisation — verhandelt. In der Praxis gibt es Exportkontingente für die kaffeeproduzierenden Staaten und Einfuhrkontrollen der Importländer, die dem Kaffeeabkommen angehören." (12)

Hintergründe

Kaffeeabkommen zur Begrenzung des Weltangebotes und damit zur Preisstützung gibt es fast seit einem halben Jahrhundert. Die ersten Abkommen wurden nur zwischen den Produzentenländern geschlossen. Die tendenzielle Überproduktion von Kaffee ließ diese Abkommen oft zerfallen, da einzelne Produzentenländer aufgrund kurzfristiger ökonomischer Vorteile oder auf politischen Druck der Industrieländer immer wieder ausscherten. Die USA duldeten aus politischen Erwägungen während des Zweiten Weltkriegs eine derartige Kartellpolitik ihrer wichtigsten Kaffeelieferanten. Bis etwa 1960 torpedierten die europäischen Kolonialmächte (unter anderem Frankreich und Portugal) mit der Kaffeeproduktion ihrer Kolonien (Angola, Elfenbeinküste und andere) jegliches weitere geschlossene Vorgehen der Produzenten.
Im Jahre 1954 erreichte der Kaffeepreis auf dem Weltmarkt die Höhe von 66 US-Cents pro lb (= englisches *pound* = 0,4536 Kilogramm). Doch 1962 folgte ein Preissturz auf 30 US-Cents. Die "Kaffee-Republiken" waren durch den Preisverfall in ihrer Wirtschaft schwer getroffen. In Washington erkannte man die Vorzeichen der Revolution in einzelnen lateinamerikanischen Ländern, hatte man doch das Beispiel Kuba vor Augen. So entschlossen sich die Vereinigten Staaten, die damals 40 Prozent des Weltkaffee-Exportes verbrauchten, ein internationales Abkommen zur Stabilisierung der Außenhandelsergebnisse zu unterstützen.
Das Internationale Kaffeeabkommen *(International Coffee Agreement* — ICA) war das erste Rohstoffabkommen zwischen Erzeugern in der Dritten Welt und Verbrauchern in den Industrieländern. Als das Kaffeeabkommen 1963 in Kraft trat, hatten 42 Kaffee-Export- und 17 Importländer das Dokument unterzeichnet. Gemeinsam kontrollierten diese Staaten praktisch den gesamten Weltmarkt für Kaffee. Um das Abkommen zu überwachen, wurde den einzelnen Ländern in dieser internationalen Kaffeeorganisation eine bestimmte Stimmenzahl zugeteilt, entsprechend der importierten bzw. exportierten Kaffeemenge. Damit spielten die Vereinigten Staaten und Brasilien die führende Rolle in dieser Organisation.
Das Internationale Kaffeeabkommen legte die Preise nicht im strengen Sinne fest. Aber es sicherte eine relative Preisstabilität dadurch, daß es die auf dem Weltmarkt verkaufte Kaffeemenge einschränkte. Beim Zusammenbruch des Kaffeeabkommens im Jahre 1972 spielte die Abwertung des US-Dollars eine tragende Rolle. Da der internationale Handel den US-Dollar als Zahlungsmittel benutzt, sanken die Kaffeepreise aufgrund der Abwertung automatisch. Die Kaffeeländer verlangten eine Anhebung der Preise, um ihre verringerten Erlöse auszugleichen. Im Ramen der UNCTAD 3 (13) im Jahr 1972 forderten die "Entwicklungsländer" eine Weltwährungsreform. Sie wurde von den Industrieländern, besonders den USA, entschieden abgelehnt.

(12) Deutscher Kaffeeverband. In "Kaffee & Tee-Markt", Heft XXXII/13 vom 5. Juli 1982, Seite 12 ff

(13) UNCTAD: Welthandelskonferenz im Rahmen der Vereinten Nation

Frost in Brasilien

Einen wichtigen Abschnitt in der Geschichte des Weltkaffeehandels markiert der Jahrhundertfrost 1975 in Brasilien, der einen Großteil der brasilianischen Ernte zerstörte.

In der Nacht vom 17. auf den 18. Juli 1975 vernichtete ein schwerer Frost rund drei Viertel der brasilianischen Ernte. In den Bundesstaaten São Paulo, Minas Gerais, Mato Grosso und Paraná erfroren etwa 1,5 Milliarden Kaffeesträucher, über die Hälfte des gesamten Bestandes. Schon damals war klar, daß es sich nicht um einen der sogenannten "Routinefröste" handelte, die zur "Preisbelebung" stets willkommen waren, sondern um eine Katastrophe, wie es sie nur in den Jahren 1918 und 1942 gegeben hatte. Sofort begannen an den Börsen in London und New York die Notierungen zu "klettern", im zweiten Halbjahr 1975 insgesamt um 52 Prozent. Ende 1975 wurden für 1.000 Kilogramm Kaffee in London 789 Pfund Sterling notiert; Ende 1976 bereits 2.522 Pfund Sterling und im März 1977 sogar über 4.000 Pfund Sterling.

Das, was die Produzentenländer durch Kartellbildungen und Exportbeschränkungen nicht geschafft hatten, erreichte der brasilianische Frost buchstäblich über Nacht. Er bewirkte für die Kaffeeproduzenten Preise, wie sie durch keinerlei Zurückhaltungspolitik hätten erreicht werden können.

Fast alle Beteiligten verdienten an den steigenden Preisen:

Die Produzentenländer,
die erstmals seit dem Zweiten Weltkrieg ihr Exportgut Kaffee zu einem steigenden Preis verkaufen konnten. Seit 1950 war der Preis für Rohkaffee deutlich gefallen. Ihre Deviseneinnahmen verdreifachten sich innerhalb von zwei Jahren.

Die internationalen Kaffeehändler
und Spekulanten, die aus der Unsicherheit der Preisentwicklung Kapital schlagen konnten.

Die Kaffeeröster,
die mit Hinweis auf die steigenden Rohkaffeepreise den Verkaufspreis kräftig anheben konnten.

Nach dem ersten Schock über die gestiegenen Weltkaffeepreise versuchten schon 1977 die großen Aufkäufer des Kaffees den Preis zu drücken. Anfang 1977 deckten sich ein halbes Dutzend multinationaler Unternehmen mit Kaffee ein. Mit der neuen Ernte im Sommer 1977 stellten sie alle "plötzlich ihre Käufe ein und ließen die Preise in die Tiefe rutschen. Die Brasilianer kamen zu dem Schluß, in dieser Situation müsse man ebenso hart wie geduldig sein, bis die Großröstereien ihre Vorräte verbraucht haben und unter dem Druck der Nachfrage auf den Markt zurückkehren. Deshalb hält Brasilien den Mindestexportpreis (unter dem die Händler nicht exportieren dürfen) eisern bei über 7000 Dollar pro Tonne (14) fest. Auf der Kaffeebörse von Santos wartet man seit Ende Mai vergeblich auf Kauf-Orders zu dem Preis: Die Angestellten der Handelshäuser — dessen renommiertestes die Baisse nicht vorausgesehen hatte und darüber pleite ging — spielen seit einem Monat auf der Avenida 15. November Fußball oder vertreiben sich die Zeit in stillgewordenen Büros damit, wassergefüllte Papiertüten auf Passanten hinunterzuwerfen." (15)

Um den Kaffeepreis zu halten, kaufte das nationale brasilianische Kaffeeinstitut sogar Überschußkaffee an den Börsen der Welt auf. Die Presse reagierte polemisch: Brasilien sei dabei, den freien Kaffeemarkt zu zerstören. Man konterte, Kartelle und Marktmanipulationen seien nicht von der Dritten Welt, sondern von den Industrienationen erfunden worden. Brasilien mache mit seinen Stützungskäufen das gleiche, was General Foods oder Nestlé auf der anderen Seite auch praktizieren.

Gleichzeitig setzte in vielen Kaffeeländern eine hektische Aktivität ein. Kaffeeplantagen wurden neu angelegt, da die steigenden Preise es lohnend erscheinen ließen, mehr Kaffee zu produzieren. Nach dem Frost bröckelten die Preise wieder ab. Als der erste Kaffee aus den Neuanpflanzungen auf den Markt kam, sanken die Preise weiter. Heute, mehr als sieben Jahre nach dem Frost, ist der Kaffeepreis wieder nah an die 1-Dollar-Grenze pro *pound* gerutscht.

(14) oder: 3 Dollar pro pound
(15) Manfred von Conta, Reportagen aus Lateinamerika. Zürich 1982. Seite 278

Situation der Bauern und Landarbeiter

In Brasilien rief der Ausfall der Ernte 1976 große Probleme für die Landarbeiter hervor, gab es doch keine Arbeit. Dort, wo die Ernte erfolgreich eingebracht werden konnte, erzielten die Produzenten zwar höhere Preise für den Kaffee, aber nicht in einem der Steigerung der Weltmarktpreise entsprechenden Umfang. Regierungen und Zwischenhändler schöpften kräftig ab.
Schon 1978/79 lagen beispielsweise die inflationsbereinigten Kaffeeproduzentenpreise in Brasilien nur noch gering über den Preisen vor dem Frosteinfall; zu Beginn des Jahres 1981 sogar schon darunter.

Die Bogotá-Gruppe

Um den schon 1977 absehbaren rapiden Preisverfall des Kaffees zu verhindern, schlossen sich die größten lateinamerikanischen Kaffeeproduzenten zur sogenannten "Bogotá-Gruppe" zusammen, benannt nach ihrem Sitz in der kolumbianischen Hauptstadt Bogotá. Hauptziel war die Verhinderung des Preisverfalls mit den an der Börse möglichen Mitteln. Ein großer Fonds wurde gebildet. Bei einem Sinken der Preise kauften die Länder der Bogotá-Gruppe Kaffee und warteten auf eine Preissteigerung, um ihn dann wieder teurer zu verkaufen. Damit trat die Gruppe an der Börse de facto als Spekulant auf, allerdings nicht, um Gewinne zu erzielen, sondern um im Interesse der Erzeugerländer die Preise hoch zu halten.
Experten schätzen, daß die Bogotá-Gruppe mit ihrem 400 bis 500 Mio. Dollar großen Fonds als größter Einzelinteressent an der Börse einen Verfall der Preise zwar nicht langfristig aufhalten konnte, ihn aber zumindest zeitweise verhindert hat.
Am meisten profitierten die afrikanischen Staaten von den Aktivitäten der Bogotá-Gruppe, die ohne Beteiligung an dem Fonds ihren Kaffee zu den gestützten Preisen verkaufen und damit ihren Marktanteil am Weltkaffee weiter ausbauen konnten.
An den Rohstoffbörsen war der Ärger über die Aktivitäten der Bogotá-Gruppe groß. US-amerikanische Händler warfen ihr Machtmanipulation und unfaire Wettbewerbspraktiken vor.

Brasilien: Produzentenpreise (inflationsbereinigt) 1975-1981

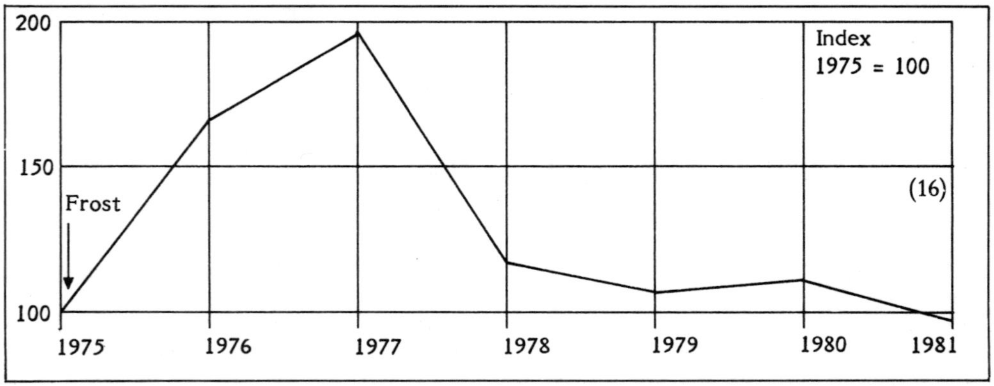

(16) Zusammengestellt nach: ICO, "Quarterly Statistical Bulletin on Coffee". Number 16. London 1981

Um die Position der Bogotá-Gruppe auszubauen, wurde 1980 "Pancafé" als internationale Kaffeehandelsgesellschaft gegründet. Ihr gehörten die Mitgliedsstaaten der Bogotá-Gruppe an: Brasilien, Kolumbien, El Salvador, Costa Rica, Guatemala, Honduras, Venezuela und Mexiko. Sie stellen rund zwei Drittel der Weltexportproduktion.
Aber schon Anfang 1981 schrieb die Fachpresse: "Man ist sich weitgehend darüber einig, daß Pancafé kein Thema mehr ist. Noch im letzten Jahr hatte Pancafé (hervorgegangen aus der sogenannten Bogotá-Gruppe) erheblichen Einfluß auf die Kaffeepreise gehabt." (17)
Ende 1982 wurde Pancafé aufgrund schwerer Differenzen der Mitgliedsländer aufgelöst. In der offiziellen Erklärung hieß es, man habe sich zur Auflösung entschlossen, nachdem die Mitgliedsländer wieder "Vertrauen in die Internationale Kaffeeorganisation" gewonnen hätten. Die Organisation verkaufte in den zwei Jahren ihres Bestehens 91 Millionen Sack Kaffee zu je 60 Kilogramm zu Preisen, die das Weltmarktniveau um durchschnittlich 40 US-Cents pro Sack übertrafen.

Das neue Kaffeeabkommen

Nach dem Zusammenbruch des Internationalen Kaffeeabkommens Ende 1972 hatte es verschiedene Versuche gegeben, ein Kartell zu bilden, das die auf dem Weltmarkt verkaufte Menge überwachen sollte. Hier sind die 1973 in Genf gegründete "Café Mondiale" oder die wenig später ins Leben gerufene mittelamerikanische "Mild Coffees" zu nennen. Beide Zusammenschlüsse aber scheiterten wenig später an fehlender Durchhaltekraft und mangelnder Einigkeit.
1976 kam es zu einem neuen Internationalen Kaffeeabkommen, das aber erst an Bedeutung gewann durch die Einführung einer Quotenregelung 1980. Vorausbedingung der USA als größtem Kaffeekonsumenten an einer Beteiligung an dem Abkommen war, daß sich Pancafé, der an der Börse operierende Preisstützungsfonds der Bogotá-Länder, von den Börsengeschäften zurückzieht. Brasilien stimmte dem zu, da die Bogotá-Gruppe im Laufe des Jahres zunehmend in Finanzierungsschwierigkeiten kam, und die Brasilianer davon ausgingen, beim Kampf der Produzenten untereinander um die Marktanteile als Sieger hervorzugehen.
Bei den Preisverhandlungen, die im Herbst 1980 in London geführt wurden, konnten sich die Erzeugerländer nicht durchsetzen. Geplant waren von den Produzentenländern 1,35 Dollar bis 1,85 Dollar pro *pound*, die Industrieländer aber erklärten sich nur zu einem Preis von 1,15 Dollar bis 1,55 Dollar bereit.
Die deutsche Presse kommentierte:
"Keine Überraschung: Die Einigung 'in letzter Minute' erfolgte nach Auffassung von Beobachtern keineswegs überraschend. Immerhin waren die Erzeugerländer viel stärker an einem Abkommen interessiert, sind sie doch von Kaffee als wichtigstem Exportprodukt neben Erdöl stark abhängig. Nach den ausgezeichneten Ernten der letzten Jahre waren die Preise so stark gefallen, daß zahlreiche Staaten, unter anderem Brasilien, in ernsthafte finanzielle Schwierigkeiten gerieten. Dem von der EG-Delegation eingebrachten Vorschlag über die Preisspanne wurden deshalb von vornherein gute Chancen eingeräumt, auch wenn einige Produzentenländer noch zu feilschen versuchten. Aber auch Brasilien und Kolumbien mußten schließlich einer Jahresexportmenge für ihre Länder von 14,5 Millionen bzw. 9,7 Millionen Sack zustimmen, wollten sie nicht die Verhandlungen scheitern lassen. Den ausgearbeiteten Vertrag müssen jetzt sämtliche 69 Mitgliedsländer der Internationalen Kaffeeorganisation noch ratifizieren. Dies ist allerdings nur noch eine formelle Angelegenheit, haben doch alle wichtigen Mitglieder den Vertrag mit ausgearbeitet." (18)

Funktion des Kaffeeabkommens

Die Grundidee des Abkommens ist es, die Kaffeepreise stabil zu halten. Dies aber kann nur indirekt geleistet werden, da das Kaffeeabkommen keinen unmittelbaren Einfluß auf das Börsengeschehen hat. Die Verhandlungen zwischen Produzenten-

(17) *"Kaffee & Tee-Markt", Heft XXXI/4 vom 20. Februar 1981. Umschlagseite 2*
(18) *Finanz- und Wirtschaftsspiegel. Internationale Wirtschaft. Eschborn 1980. Ausgabe vom 4. Oktober 1980*

und Konsumentenländern beziehen sich zum einen auf Exportquoten, zum anderen auf den Preisindex.
Die Weltnachfrage oder sogenannte Globalquote wird abgeschätzt und in den Verhandlungen festgelegt. Im Kaffeejahr 1981/82 — also vom 1. Oktober 1981 bis zum 30. September 1982 — betrug sie 56 Millionen Sack zu je 60 Kilogramm. Diese Menge wird in harten Verhandlungen der Produzenten untereinander auf sämtliche Mitgliedsländer verteilt. Für die so ausgehandelten Mengen vergibt der Kaffeerat eine Exporterlaubnis in Form von Kaffee-Exportmarken. Die Exportquoten werden vierteljährlich neu bewilligt, die Kaffeemarken vierteljährlich vergeben, um zu verhindern, daß einige Länder bei günstiger Preisentwicklung ihre gesamte Jahresmenge in einem Quartal exportieren. Ein weiterer Grund für diese vierteljährliche Regelung liegt darin, Kürzungen vornehmen zu können. Ohne Exportmarken dürfen die Mitgliedsländer keinen Kaffee einführen.

"Uganda hat den internationalen Kaffeehandel vor eventuell mißbräuchlich benutzten ugandischen ICO-Ursprungsland-Zertifikaten gewarnt, die kürzlich gestohlen wurden. Nach Angaben des Londoner Büros des ugandischen *Coffee Marketing Board* handelt es sich um Ursprungs-Dokumente für 15.907 Sack zu je 60 Kilogramm. Die Dokumente, die die nötigen ICO-Stempel tragen, waren die Begleitbriefe für zwei Schiffsladungen. Eine Ladung (5.702 Sack) mit dem Frachter 'Tabora' ist für Hamburg bestimmt, die andere mit der 'Stella Lykes' für Houston und San Francisco. Ein Sprecher der ICO erklärte, daß die Dokumente nach dem Diebstahl für ungültig erklärt worden seien. Die ICO werde Uganda Ersatzdokumente ausstellen." (19)

Die Preisspanne, im Kaffeejahr 1982/83 zwischen 1,20 Dollar und 1,40 Dollar je *pound*, wird für ein Jahr festgelegt. Ein Indikatorpreissystem dient nun als Basis für die Beobachtung und eventuelle Beeinflussung des Gleich- oder Ungleichgewichts zwischen Weltangebot und Weltnachfrage.
Täglich werden die Preise der New Yorker Kaffeebörse für verschiedene Rohkaffees gesammelt und an das Londoner Büro der ICO übermittelt. Aus diesen Preisen ermittelt die Organisation tägliche Durchschnittspreise für die vier verschiedenen Kaffeesorten:

Kolumbianische gewaschene Arabicas
(Columbian Milds)
Andere gewaschene Arabicas
(Other Milds)
Ungewaschene Arabicas
(Unwashed Arabicas)
Robustas

Die Durchschnittspreise werden zur Bestimmung eines zusammengesetzten täglichen Indikatorpreises herangezogen. Liegt dieser Index 15 Tage lang unterhalb der Untergrenze von 1,20 Dollar, so kürzt der Weltkaffeerat die Lieferquoten um eine bestimmte, vorher vereinbarte Menge, verteilt nach einem Länderschlüssel. Das heißt: Alle Produzentenländer, die dem Weltkaffeeabkommen angeschlossen sind, dürfen im Verhältnis ihrer Quoten entsprechend weniger exportieren. Durch künstliche Verknappung soll so ein weiterer Preisverfall verhindert werden. Liegt der Index über 15 Tage hinweg oberhalb der Obergrenze von 1,40 Dollar, so dürfen die Mitgliedsländer eine bestimmte, ebenfalls vorher vereinbarte Menge mehr exportieren. Eine künstliche Vergrößerung der Angebotsmenge soll so einen weiteren Preisanstieg verhindern.
Dies ist — in vereinfachter Form — die Funktion des Weltkaffeeabkommens. In der Praxis treten eine Fülle weiterer Vereinbarungen und Sonderregelungen ein, die zu erklären zu weit führt.

Ein solches Verhandlungsergebnis liest sich folgendermaßen:

(19) "Kaffee & Tee-Markt", Heft XXXIII/1 vom 7. Januar 1983. Seite 11

Das Weltkaffeeabkommen: Verhandlungsergebnis und Quotenverteilung

ICO – Einigung über Quoten und Preisspannen für 1983/84

Trotz geringer Unterschiede in den Vorstellungen der Produktions- und Konsumländer zur Ausgestaltung der Quoten und Preisspannen bedurfte es noch anstrengender Verhandlungen in der Nacht zum 1. Oktober, die Konferenz hatte schon am 19. September begonnen, bis der Rat der Internationalen Kaffee-Organisation zu einer endgültigen Einigung in diesen Fragen gelangte.

Die anfängliche Globalquote für das Kaffeejahr 1983/84 (vom 1. Okt. 1983 bis zum 30. Sept. 1984) wurde auf 56,2 Mio Sack Rohkaffee (à 60 kg) festgesetzt. Die effektive Jahresquote hatte für den Zeitraum 1982/83 bei 55,2 Mio Sack gelegen. Der interventionsfreie Preisrahmen für 1983/84 erfuhr gegenüber dem Vorjahr keine Veränderungen. Er wurde auf 120 – 140 US-cents je lb festgelegt. Die Forderungen der Produzenten hatten in London anfangs bei einer Globalquote von 55,2 Mio Sack und einer um 5 cents höheren Preisspanne gelegen. Die Konsumländer forderten eine Quote von 57 Mio Sack und eine Preisspanne, die 5 cents unter dem jetzigen Einigungswert rangierte.

Neben der Quotenmenge von 56,2 Mio Sack dürfen die ICO-Verbrauchsländer weiterhin ca. 500.000 Sack Rohkaffee aus nicht dem Abkommen angehörenden Länder importieren (sog. Basket-Quote). Allerdings soll für das Kaffeejahr 1984/85 in diesem Punkt eine Neuregelung getroffen werden.

Von den 56,2 Mio Sack Anfangsquote entfallen 52.939.600 Sack auf Länder mit Basisquotenanspruch. Die Länder ohne Basisquotenanspruch vereinigen 2.360.400 Sack Quote auf sich. Mit den Spezialfällen Burundi und Ruanda, denen jeweils 450.000 Sack Quote zugesprochen wurden, hat diese zweite Gruppe dann eine Quote in Höhe von 3.260.400 Sack. Im einzelnen verteilen sich die Quoten folgendermaßen (in Sack zu 60 kg):

Der Preisrahmen liegt, wie eingangs erwähnt, wieder bei 120 bis 140 US-cents per lb. Auch die Schwellenpreise an der Ober- und Untergrenze und die Quotenanpassungsschritte bleiben gegenüber dem Vorjahr unverändert. Nur eine kleine Veränderung in der Markenfreigabe wird am Ende des Kaffeejahres zum Tragen kommen können. Ist der 15-Tage-Preis im vierten Quartal des Kaffeejahres 1983/84 am 1. September 1984 auf oder über 125 US-cents, werden die Marken für die letzten 1 Mio Sack schon am 1. September 1984 freigegeben und nicht erst am 15. September, wie es in 1982/83 der Fall war. Liegt der Preis unter 125 US-cents, so ist der 15. September der Freigabetag. (Üblicherweise werden zu Beginn eines Quartals Marken für 2 Mio Sack einbehalten, die dann, wenn keine Kürzung erfolgt, am 15. des zweiten und 15. des dritten Quartalsmonats freigegeben werden, in 1-Mio-Sack-Schritten).

Die Übereinkunft in London hat sich verzögert, weil es zu hartnäckigen Verhandlungen über das Problem der Non-Member-Exporte gekommen war. Erst als sich der Rat des ICA auf eine Resolution zur Verstärkung der Kontrollen über die Exporte in Nicht-Mitgliedsländer einigten, konnten die Quotenverhandlungen erfolgreich beendet werden. Diese Resolution sieht unter anderem vor, daß vom 1. November 1983 an die Exportländer des ICA für ihre Non-Member-Ausfuhren das Bestimmungsland und das Eintreffen des Kaffees in diesem eindeutig belegen müssen. Auch eine vorübergehende Lagerung des Kaffees in Freihäfen soll nachgewiesen werden. Können diese Auflagen nicht zufriedenstellend erfüllt werden, sollen die entsprechenden Non-Member-Ausfuhrmengen von den Quoten der jeweiligen Ausfuhrländer abgezogen werden.

Ob diese Vorschriften praktikabel sind und der in preislicher Hinsicht gespaltene Kaffeemarkt auf diesem Weg unter Kontrolle gebracht werden kann, muß abgewartet werden. (20)

Gesamtquote 1983/84	**56.200.000**
Länder mit Basisquote	**52.939.600**
Colombian Milds	
Kolumbien	8.468.791
Kenia	1.290.086
Tansania	707.467
Other Milds	
Costa Rica	1.123.623
Dominikanische Republik	494.186
Ekuador	1.128.825
El Salvador	2.330.478
Guatemala	1.805.080
Honduras	775.092
Indien	645.043
Mexiko	1.898.715
Nikaragua	665.851
Papua-Neuguinea	603.427
Peru	681.457
Brazilian and Other Arabicas	
Brasilien	16.037.643
Äthiopien	1.362.914
Robustas	
Angola	450.000
Indonesien	2.366.892
OAMCAF (alle)	6.221.544
Philippinen	470.000
Uganda	2.309.670
Zaire	1.102.816
Länder ohne Basisquote	**3.260.400**
Bolivien	109.759
Guinea	100.317
Haiti	401.032
Liberia	130.294
Paraguay	108.814
Sierra Leone	234.624
Thailand	104.802
Ghana	50.512
Jamaika	17.467
Malawi	23.368
Nigeria	73.408
Panama	65.855
Sri Lanka	54.053
Trinidad und Tobago	34.226
Venezuela	80.254
Simbabwe	78.129
Burundi	450.000
Ruanda	450.000

(21)

(20) *"Kaffee & Tee-Markt", Heft XXXIII/19 vom 6. Oktober 1983. Seite 23*

(21) *"Kaffee & Tee-Markt", Heft XXXIII/19 vom 6. Oktober 1983. Seite 23*

Der Weltkaffeerat nimmt also indirekt durch Erhöhung oder Verringerung der Exportquoten auf die Preise Einfluß.
Bei den Verhandlungen kämpfen sowohl die Produzenten gegeneinander um die Exportquoten, als auch die Gruppe der Produzenten gegen die Konsumenten um die Festlegung der Preisspannen und der Globalquoten. In beiden Fällen setzen sich die wirtschaftlich Starken durch. So ist Brasilien das einzige Land, das eine Exportquote hat, die es erlaubt, den gesamten exportfähigen Kaffee auch zu exportieren. Die meisten anderen Länder können nicht allen Kaffee exportieren. Brasilien kann derart hohe Exportquoten mit der Drohung des Austritts durchsetzen, da das gesamte Kaffeeabkommen ohne Brasilien als wichtigstem Kaffeeland wirkungslos wäre. Verlierer sind alle übrigen Produzentenländer, die teilweise bis zu einem Viertel ihrer Produktion nicht exportieren können.

"Indonesien droht mit einem Einfuhrstopp für Zucker und Sojabohnen aus Brasilien, wenn sich dieses Land nicht bereit erklärt, zugunsten von Indonesien auf einen Teil seiner Kaffee-Exportquote im Rahmen des Internationalen Kaffeeabkommens zu verzichten." (22)

Auch gibt es einen harten Kampf zwischen den Importländern über die Kaffeesorten, die von Land zu Land unterschiedlich sind. So bevorzugt die Bundesrepublik Arabicas (90 Prozent), während in Frankreich Robusta-Kaffee (60 Prozent) Vorrang hat.
Im Herbst 1982 wurde das Abkommen wieder um ein Jahr verlängert, im Februar 1983 gehörten ihm 47 Export- und 24 Importländer als Mitgliedsstaaten an.

Perspektiven

Das Weltkaffeeabkommen und die ICO sehen sich allerdings einer ungewissen Zukunft gegenüber. Zwar ist es mit gewissem Erfolg eine Zeitlang gelungen, bereits produzierten Kaffee vom Markt fernzuhalten und so das effektive Angebot künstlich niedrig zu halten, aber die Kaffeeproduktion ist trotzdem weitergestiegen — zum Teil sogar wegen der gewissen Stabilisierungserfolge, die einen Produktionsanreiz darstellen.
Die Bemühungen der ICO um eine Regulierung und Steuerung der Vermarktung werden durch die weiterhin chaotisch ungeregelte Produktion untergraben; die riesigen Produktionsmengen (im Jahr 1983/84 voraussichtlich die Rekordmenge von 97 Millionen Sack, bei einer Konsumfähigkeit von nur 56 Millionen Sack innerhalb der Konsumentenländer der ICO) (23) bei den gleichzeitig bereits üppig gefüllten Lagern entziehen der ICO durch ihren preissenkenden Druck viel von ihrer Wirkungsmöglichkeit. Die innerhalb des Kartellsystems unverkäuflichen Mengen werden zum Teil (etwa 9 Millionen Sack) zu freien Preisen verschleudert, die teilweise bis zu 60 Prozent unter den ICO-kontrollierten Preisen liegen. Die Verkäufe erfolgen fast ausschließlich in die Ostblock-Staaten, die dem Kaffeeabkommen nicht angeschlossen sind, und in der Regel nicht gegen Devisen, sondern im Tausch mit anderen Waren.
Israel und Ungarn als Konsumentenländer haben zu Beginn des Jahres 1983 ihren Austritt erklärt. Als Grund werden die attraktiven Preise außerhalb des Abkommens angeführt. Bei der wirtschaftlich schwierigen Situation vieler Länder kann dieser Aspekt zu einem wichtigen Faktor werden.
Je umfangreicher der Nicht-ICO-Bereich sowohl auf der Angebots- als auch auf der Nachfrageseite wird, um so stärker wird die ICO weiter destabilisiert, indem die Interessendifferenzen der Produzentenländer stärker hervortreten. Für die Konsumentenländer und die Kaffeeaufkäufer ergibt sich dadurch eine günstige Gelegenheit, die Lieferländer gegeneinander auszuspielen, und so die Kaffeepreise weiter zu drücken.

(22) "Kaffee & Tee-Markt", Heft XXXII/16 vom 20. August 1982. Seite 1
(23) "Kaffee & Tee-Markt", Heft XXXIII/3 vom 7. Februar 1983. Seite 3

Die Kaffeeländer: Produktion, Verbrauch, Export

Land	Gesamtproduktion 1980/81	Eigenverbrauch	für den Export verfügbare Produktion	Exportquote 1980/81
	alle Angaben in 1.000 Sack à 60 kg			
Costa Rica	1.790	233	1.557	1.379
Kuba	450	450	0	—*)
Dominikan. Rep.	850	290	560	432
El Salvador	2.500	304	2.296	2.118
Guatemala	2.600	375	2.275	1.931
Haiti	485	225	260	400
Honduras	1.265	112	1.153	1.013
Mexico	3.600	1.400	2.200	2.026
Nicaragua	1.050	85	965	735
Puerto Rico	200	200	0	—*)
Diverse**)	197	110	87	110
Nord- und Mittelamerika insgesamt	**14.987**	**3.634**	**11.353**	**10.144**
Bolivien	145	34	111	102
Brasilien	21.500	8.000	13.500	14.089
Kolumbien	12.600	1.825	10.775	8.932
Ecuador	1.430	220	1.210	1.196
Paraguay	75	28	47	98
Peru	1.100	260	840	827
Venezuela	1.073	958	115	311
Guyana	19	19	0	—*)
Südamerika insgesamt	**37.942**	**11.344**	**26.598**	**25.555**
Angola	350	85	265	394
Burundi	333	3	330	400
Kamerun	1.680	32	1.648	1.474
Zentralafr. Rep.	235	17	218	204
Kongo-Brazzaville	58	1	57	35
Äquatorial-Guinea	100	10	90	—*)
Äthiopien	3.100	1.850	1.250	1.289
Elfenbeinküste	4.500	65	4.435	3.239
Kenya	1.250	56	1.194	1.197
Liberia	135	12	123	120
Madagaskar	1.500	166	1.334	898
Rwanda	527	2	525	360
Sierra Leone	180	5	175	175
Tanzania	860	25	835	737
Togo	160	1	159	270
Uganda	2.000	30	1.970	1.976
Zaire	1.400	195	1.205	1.104
Diverse ***)	168	68	100	267
dto. ****)	67		67	67
Afrika insgesamt	**18.603**	**2.623**	**15.980**	**14.206**

Land	Gesamtproduktion 1980/81	Eigenverbrauch	für den Export verfügbare Produktion	Exportquote 1980/81
	alle Angaben in 1.000 Sack à 60 kg			
Indien	2.160	915	1.245	1.012
Indonesien	5.162	1.100	4.062	2.948
Malaysia	148	148	0	—*)
Philippinen	750	408	342	268
Papua-Neuguinea	840	16	824	645
Sri Lanka*****)	52	9	43	—*)
Diverse******)	145	56	89	—*)
Asien und Ozeanien insgesamt	**9.257**	**2.652**	**6.605**	**4.868**
WELT INSGESAMT	**80.789**	**20.253**	**60.536**	**54.932**

*) Kein ICO-Mitglied, daher keine Quote.
**) Jamaica, Panama, Trinidad & Tobago, Hawaii.
***) Benin, Gabun, Ghana, Guinea, Nigeria.
****) ICO-Mitglieder, für die keine USDA-Schätzung vorliegt: Malawi, Simbabwe.
*****) Schätzung auf Grund von ICO-Unterlagen.
******) Vietnam, Yemen, Neu-Kaledonien, Portug.-Timor.

(Stand: April 1981)

(24)

(24) *"Kaffee & Tee-Markt", Heft XXXI/13 vom 6. Juli 1981. Seite 4*

Die Börse

Rohwaren, so Kaffee, Kakao oder Zucker, können an den Rohstoffbörsen auf Termin gekauft oder verkauft werden. Für Kaffee existieren zwei Börsen: Die New Yorker Kaffeebörse befaßt sich in erster Linie mit *coffea arabica*, also dem Kaffee, der vorwiegend aus den lateinamerikanischen Ländern kommt; die Kaffeebörse in London handelt hauptsächlich mit *coffea robusta*, der in Afrika und Asien beheimatet ist.

Bei diesen sogenannten Warentermingeschäften wird Kaffee gekauft, der noch gar nicht geerntet ist. Zum Zeitpunkt des Kaufs wird ein Liefertermin vereinbart — meist drei oder sechs Monate später — und der Käufer macht eine Anzahlung von 10 Prozent des vereinbarten Preises. Der Rest ist erst bei Lieferung zu zahlen. Sowohl der brasilianische Plantagenbesitzer als auch das staatliche nicaraguanische Kaffeeunternehmen ENCAFE — um zwei Beispiele zu nennen — beauftragen einen Makler im März, eine bestimmte Menge Kaffee an der Börse "unterzubringen", der erst im September geliefert werden kann. Der Makler teilt den Kaffee in bestimmte Kontingente auf, die er anbietet, wobei eine Mindestmenge vorgeschrieben ist, um die Anzahl der potentiellen Kunden nach unten zu begrenzen.

Nun gibt es Händler, Maklerhäuser und Spekulanten, die Rohwaren in großem Stil auf Termin kaufen und wieder veräußern, bevor die Lieferung fällig ist. Dann beginnt die Börsenspekulation, deren Mechanismen zu erklären den Rahmen sprengen würde. Wir beschränken uns deshalb auf zwei Beispiele:

Bei erwartetem Preisanstieg

wird zum Beispiel im März die Ware auf sechs Monate (also mit Liefertermin September) zum vereinbarten Preis von 500.000,- DM gekauft. Es werden 10 Prozent, also 50.000,- DM angezahlt. Die Restzahlung wäre fällig im September; vor Ablauf des Termins aber, wenn der Marktpreis höher liegt, wird die Ware wieder verkauft, für 550.000,- DM. Der Gewinn beträgt 50.000,- DM oder 100 Prozent des angezahlten Preises. Der Käufer hat die Ware nie gesehen, er hat nur mit Papieren gehandelt.

Bei erwartetem Preisverfall

wird umgekehrt vorgegangen: Der Spekulant verkauft Ware auf Termin, die er zunächst gar nicht besitzt. (Auf Termin verkaufen heißt, sich zur Ablieferung der vereinbarten Ware zum vereinbarten Termin auf einen vereinbarten Preis zu verpflichten.) Vor Ablauf des Termins kauft er neue Ware zu einem niedrigeren Preis, die er dann zum vereinbarten, höheren Preis abgibt. Auch so erzielt er einen Gewinn.

"Die Termingeschäfte mit Rohwaren werden unter Zuhilfenahme von Computern, durch Maklerfirmen für Anleger und Spekulationswillige vermittelt. Die Verluste, die durch Fehlerabschätzung der Preisentwicklung auftreten können, werden mit Computern begrenzt, indem die Kontrakte bei Umkehr der Preistendenz in Minutenschnelle an der Börse abgestoßen werden. Die Mindestkontraktsumme ist meist auf 300.000,- bis 500.000,- DM festgelegt, damit nicht zu viele kleine Firmen mitmachen." (25)

Von der Rohstoffspekulation sind nicht nur die Produzenten in den unterentwickelten Ländern betroffen (sie erhalten nicht den vollen Ertrag des Preisanstiegs), sondern auch die Konsumenten in den Industrieländern, weil sie für Kaffee, Kakao oder Zucker höhere Preise zu zahlen haben. Letztlich müssen die Verbraucher für die Spekulationsgewinne aufkommen — und nicht etwa die wenigen Börsenverlierer, wie manchmal behauptet wird.

Gewinnabschöpfung bei Rohwarentermingeschäften (schematisch)

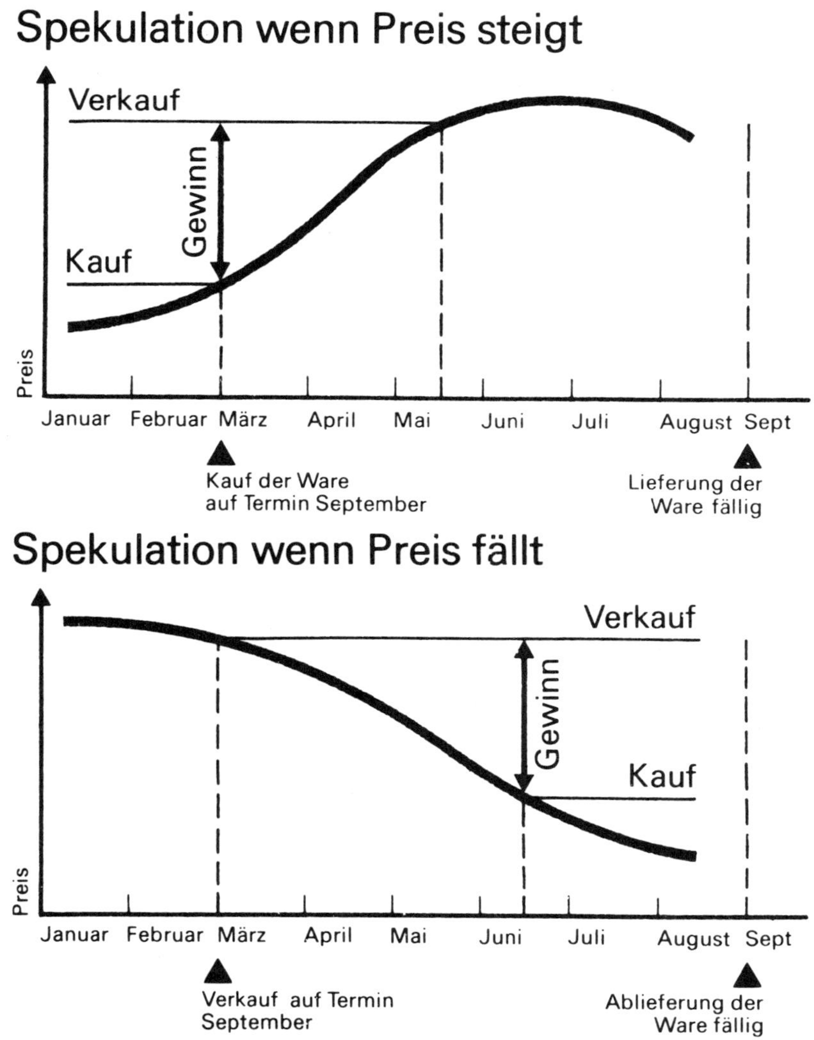

(26)

(25) *Rudolf H. Strahm, Überentwicklung — Unterentwicklung. Ein Werkbuch mit Schaubildern und Kommentaren über die wirtschaftlichen Mechanismen der Armut. Gelnhausen 1975. Seite 41*
Im Frühjahr 1985 erscheint eine überarbeitete Fassung des Buches im Peter Hammer Verlag, Wuppertal, unter dem Titel "Überentwicklung — Unterentwicklung in den 80er Jahren".

(26) *Rudolf H. Strahm, a.a.O. Seite 40*

Verlierer der Börsengeschäfte sind fast immer die Kaffeeländer, da alle Preissteigerungen an der Börse, die den Kaffee für den Konsumenten verteuern, den Spekulanten zugute kommen.
Sind die Gewinnmöglichkeiten zu Zeiten starker Preisschwankungen oder Preisunsicherheiten an der Börse hoch, so fließen große Mengen an Geld durch die Hände der Börse. Zu diesen Hausse-Zeiten (27) mehren sich dann die Pleiten der kleinen Warenterminfirmen, die zum Teil darauf hinarbeiten, bei einem Konkurs durch betrügerische Börsenspekulationen Gewinne zu erzielen. Dann kann es passieren, daß Produzentenländer wegen eines solchen Konkurses für ihren Kaffee zwar einen Kunden gefunden haben, aber kein Geld dafür erhalten. Beispielsweise sind in Frankfurt, wo 36 Warenterminfirmen ansässig sind, 50 staatsanwaltliche Ermittlungsverfahren gegen diese Firmen anhängig (1980).
Welche Auswirkungen das Kaffeeabkommen auf die Börsenspekulation hat, zeigt eine Untersuchung in "Kaffee & Tee-Markt", der deutschen Fachzeitschrift für die Kaffeebranche.
In den Jahren 1957 bis 1972, die unter dem Einfluß verschiedener Kaffeeabkommen standen, gingen die Börsenumsätze und die jährlichen Preisschwankungen stark zurück. So wurde in diesen Jahren an der Börse nur ein Gesamtumsatz von 1 bis 10 Prozent der Welternte getätigt, die Preisschwankungen lagen bei maximal 20 Prozent.
Nach Auslaufen der Kaffeeabkommen im Jahre 1972 schossen die Börsenumsätze nach oben. 1979 wurden an der Londoner und der New Yorker Börse insgesamt 231 Millionen Sack Kaffee gehandelt, obwohl insgesamt nur 63 Millionen Sack Kaffee in diesem Jahr exportiert wurden. Damit hat jeder Sack Kaffee im Jahre 1979 fast viermal den Besitzer gewechselt. Und jeder versucht, daran zu verdienen. (28)

"Mit dem Beginn des Winters in Brasilien stehen vermutlich steigende Kaffeepreise am Weltmarkt bevor. In diesem Sinne äußerten sich Londoner Handelskreise. Der zyklische Rückgang der Preise im Frühjahr nähert sich nach dieser Auffassung seinem Ende. Die Röster dürften in Kürze mit neuen Kaufaufträgen an den Markt herantreten und so zunächst das physische Geschäft in Bewegung bringen. Ein Aufschwung der Terminnotierungen sei dann nicht mehr weit, zumal die Spekulation und die Verwalter von Anlagefonds ängstlich auf Erholungen vor der traditionellen Frostperiode achten werden." (29)

Multinationale Konzerne

"60 Prozent des Kaffeeweltmarktes werden von acht transnationalen Konzernen kontrolliert, die damit verantwortlich sind für die Ausbeutung und illegalen Praktiken, unter denen die *campesinos* (Landarbeiter) — Kleinbauern und Tagelöhner — der unterentwickelten Länder zu leiden haben.
M.A. Gomez, der Direktor des mexikanischen Instituts für Kaffee, führte aus, daß die spekulativen Praktiken dieser Monopolisten dazu führten, daß zwischen Dezember 1979 und Februar 1980 der Kaffeepreis um -,40 Dollar pro *pound* gefallen ist. Dies führte zu Verlusten in Höhe von 600 Mio. Dollar für die Produzenten.
Die Konzerne sind:
J. Aron & Co. Inc.
Socomex Coffee Inc.
Volkart Brothers Ltd.
ACLI International
The Folgar Coffee Inc.
Coca Cola Co. Foods Division
General Foods Corp.
Bernhard Rothfos." (30)

Kalkulation

Genaue Angaben über ihre Kalkulation sind von der Kaffeebranche nicht zu bekommen, noch weniger Zahlen über Gewinne von Plantagen oder Löhnen von Arbeitern. Den Kaffeeröster interessieren in erster Linie der Einkaufspreis, zu dem er den Kaffee bekommt, und die Qualität des Rohkaffees.
Die folgende Kalkulation basiert auf verschiedenen Quellen. Sie orientiert sich am Beispiel Brasilien

(27) *Hausse: Steigen der Börsenkurse*
(28) *Zusammengestellt nach: "Kaffee & Tee-Markt", Heft XXX/24 vom 19. Dezember 1980. Seite 3 ff. Und: Rudolf H. Strahm, a.a.O.*
(29) *"Kaffee & Tee-Markt", Heft XXXII/9 vom 5. Mai 1982. Seite 1*
(30) *Übersetzung aus: "Uno más uno", Mexiko, vom 11. Juni 1980*

und stützt sich auf Zahlen von 1980. Nicht berücksichtigt werden konnten die Wechselkurse, die beim Handel an der Börse eine große Rolle spielen.

Idealtypische Kalkulation	
Plantagenarbeiter	5,1 %
Plantagenbesitzer	8,5 %
Exporteur/Zwischenhändler	3,7 %
Exportsteuer	17,2 %
Seefracht	1,4 %
Zoll	1,8 %
Kaffeesteuer	18,4 %
Mehrwertsteuer	6,1 %
Importeur	7,6 %
Röstkosten	6,5 %
Einzelhändler	23,7 %
	100 %

Für 1 Kilogramm Röstkaffee müssen 1,18 Kilogramm Rohkaffee aufgewendet werden (Röstverlust), deshalb beziehen sich alle Angaben auf diese Rohkaffeemenge. (31)

(31) Zusammengestellt nach: GEPA-Archiv

Ausfuhren (Roh- und Röstkaffee) 1979-1982

AUSFUHRLAND	1979	1980	1981	1982
	in 100 t	in 100 t	in 100 t	in 100 t
Afrika				
Angola	578*	472*	446*	456*
Burundi	271	185	271	305
Kamerun	982	916	926	766
Zentralafr. Republik	81	109	114*	163*
Äquat. Guinea	54*	54F	60F	60F
Äthiopien	871	762	857	830
Elfenbeinküste	2.600	2.003	2.313	2.704
Kenia	810	803	862	980*
Liberia	81	127	83	100*
Madagaskar	631	695	556	529
Ruanda	370	220*	272	270
Sierra Leone	133	99	74	120*
Tansania	454	421	617*	560*
Togo	88	90	101	95
Uganda	1.408	1.100*	1.300	1.720
Zaire	628	641*	676	676
Amerika, Nord				
Costa Rica	974	717	963	950*
Dominikanische Republik	434	259	321	363
El Salvador	1.847	1.468	1.316	1.145
Guatemala	1.426	1.245	1.033	824
Haiti	136	250	135	140*
Honduras	662	599	677	575*
Mexiko	1.748	1.300	1.218	1.258
Niederl. Antillen	100F	110F	100	105*
Nicaragua	554	460	530*	566
Panama	30	32	51	44
Trinidad/Tobago	18	9	11	16*
USA	788	786	702	604
Amerika, Süd				
Bolivien	76	54	47	69
Brasilien	5.622	7.845	8.254	8.874
Kolumbien	6.567	6.601	5.359	5.315
Ecuador	820	539	560	788
Paraguay	11	6	4	1
Peru	695	431	400	440
Venezuela	79	24	12	9
Asien				
Hongkong	5	4	27	9
Indien	609	868	923*	870*
Indonesien	2.202	2.387	2.106	2.270
Philippinen	159	158	205	246
Singapur	258	280	456	518
Europa				
Belgien/Luxemburg	209	203	247	207
Dänemark	54	60	82	54
Frankreich	97	132	137	178
Bundesrepublik Deutschland	326	406	476	559
Niederlande	349	148	140	112
Schweiz	14	12	20	23
Großbritannien	142	42	46	37
Ozeanien				
Papua-Neuguinea	496	510	471	411

Einfuhren (Roh- und Röstkaffee) 1979-1982

EINFUHRLAND	1979	1980	1981	1982
	in 100 t	in 100 t	in 100 t	in 100 t
Afrika				
Algerien	540	652	842	496*
Marokko	72	91	96	160*
Südafrika	170	148	160	150*
Sudan	18	39	13	13F
Tunesien	32	27	38	32
Amerika, Nord				
Kanada	877	832	986	885
Niederl. Antillen	146	151	140F	145F
USA	11.895	11.071	10.057	10.612
Amerika, Süd				
Argentinien	360	305	334	402
Chile	104	39	40	53
Asien				
Cypern	18	16	17	14
Hongkong	35	30	20	21
Israel	117	92	126	124
Japan	1.749	1.749	1.753	1.858
Libanon	58*	70*	120*	100F
Saudi Arabien	101	107	171	221*
Singapur	136	69	209	304
Syrien	39	35	24	78
Europa				
Österreich	391	447	475	565
Belgien/Luxemburg	983	944	1.070	992
Tschechoslowakei	237	258	272	262
Dänemark	620	614	681	610
Finnland	656	674	610	645
Frankreich	3.224	3.272	3.260	3.310
Deutsche Demokrat. Republik	544	542	565	885*
Bundesrepublik Deutschland	4.750	4.679	5.105	5.248
Griechenland	196	209	201	198
Ungarn	349	475	345	346
Italien	2.264	2.207	2.255	2.460
Niederlande	1.669	1.450	1.572	1.455
Norwegen	386	388	405	402
Polen	333	370	276	190
Portugal	135	114	138	187
Rumänien	115F	110*	100*	95*
Spanien	1.126	1.497	1.140	1.133
Schweden	989	927	1.024	957
Schweiz	571	608	644	584
Großbritannien	971	735	946	943
Jugoslawien	580	493	452	239
Sowjetunion	404	494	423	495
Ozeanien				
Australien	279	316	317	345

F Schätzung der FAO

* inoffizielle Schätzung

Die Tabelle verdeutlicht, daß die USA, die Bundesrepublik und Frankreich die drei größten Kaffeeimportländer sind. (32)

32) Zusammengestellt nach: "Kaffee & Tee-Markt", Heft XXXIII/3 vom 7. Februar 1983. Seite 18 ff. Heft XXXIV/6 vom 20. März 1984. Seite 20 ff. Heft XXXIV/8 vom 20. April 1984. Seite 16 ff

Kaffee: Vermarkten

Die Kaffeewirtschaft

Zölle und Steuern

Bundesrepublik Deutschland

In den Ländern der Europäischen Gemeinschaft, zu denen auch die Bundesrepublik Deutschland gehört, werden folgende Importzölle erhoben (Stand Dezember 1982):

	Drittländer	Präferenzländer
Rohkaffee, nicht entkoffeiniert	5 %	frei
Rohkaffee, entkoffeiniert	13 %	9 %
Röstkaffee nicht entkoffeiniert	18 %	12 %
Röstkaffee, entkoffeiniert	18 %	13 %
Pulverkaffee	18 %	9 %

Diese Zollsätze werden von den EG-Kommissionen ständig überwacht und den sich verändernden Marktverhältnissen angepaßt.

Der Zollsatz
für Drittländer wird angewandt, wenn folgende Bedingungen erfüllt sind:
Der Staat ist kein EG-Mitglied; die Ware ist nicht aus Überseegebieten von EG-Mitgliedern.
Mit dem Staat besteht ein Abkommen über die Meistbegünstigung im Handelsverkehr.

Der Präferenzzollsatz
wird durch besondere Verordnungen des EG-Rates gegenüber Entwicklungsländern festgesetzt. Diese Vorzugsbedingungen gelten jedoch nicht generell für alle Waren, sondern diese ermäßigten Zollsätze werden für bestimmte Warengruppen festgelegt. So erhält zum Beispiel kein zentralamerikanischer Staat einen Präferenzzollsatz für Rohkaffee; dagegen könnten Länder wie Afghanistan, Bangladesh, Komoren, Laos, Nepal, Westsamoa und andere diesen Präferenzzollsatz für Kaffee anwenden. Nur produzieren diese Staaten keinen Rohkaffee.
Die Einfuhr von Rohkaffee und auch weiterverarbeitetem Kaffee aus den AKP-Staaten ist zollfrei. Die EG gewährt den 53 AKP-Staaten (Länder Afrikas, der Karibik und des Pazifik) Handelspräferenzen ("Lomé-Abkommen"), wodurch diese Länder gegenüber anderen Entwicklungsländern besonders günstige Exportbedingungen erhalten. Auch Tanzania gehört zu den AKP-Staaten.

Kaffeesteuer in der Bundesrepublik
Kaffee wird in der Bundesrepublik stark besteuert. An den Steuereinnahmen des Bundes hatte die Kaffeesteuer 1980 immerhin einen Anteil von mehr als 3 Prozent. Neben der Importsteuer (Zoll), die für die ganze Europäische Gemeinschaft zutrifft, erhebt die Bundesregierung zusätzlich eine Kaffeesteuer. Die Kaffeesteuer betrug 1984 für Rohkaffee 3,60 DM pro Kilogramm, für entkoffeinierten Rohkaffee 3,80 DM, für Röstkaffee 4,30 DM, für entkoffeinierten Röstkaffee 4,55 DM, für Pulverkaffee 9,35 DM und für entkoffeinierten Pulverkaffee 9,90 DM. Das Aufkommen an Kaffeeverbrauchssteuer belief sich im Jahre 1983 auf 1,588 Mrd. DM. (1)

Österreich

In Österreich gibt es folgende Importzölle: Bei Importen aus Drittländern (nicht begünstigte Entwicklungsländer und die EG- und EFTA-Länder): Rohkaffee 15 Prozent; Röstkaffee 19,5 Prozent (bei Verpackungen bis 5 Kilogramm, berechnet vom Bruttogewicht, also mit Verpackung) bzw. 15 Prozent (über 5 Kilogramm); Pulverkaffee 15,6 Prozent (unter 1 Kilogramm) bzw. 12 Prozent (über 1 Kilogramm).
Bei Importen aus Präferenzländern, also Ländern, die nach Vorlage eines Ursprungszertifikats in Österreich begünstigt werden, beträgt der Zollsatz bei Rohkaffee 0 Prozent, bei Röstkaffee 15,6 Prozent (unter 5 Kilogramm) bzw. 12 Prozent (über 5 Kilogramm) und bei Pulverkaffee 13 Prozent (unter 1 Kilogramm) bzw. 10 Prozent (über 1 Kilo-

(1) Angaben nach: "Bundesanzeiger", Heft 51 vom 13. März 1984

gramm). Außerdem wird auf alle Kaffeeimporte ein Außenhandelsförderungsbeitrag von 0,3 Prozent erhoben.

Schweiz

In der Schweiz gibt es für Länder der Europäischen Freihandelszone (EFTA und EG) und nicht begünstigte Entwicklungsländer einen Gewichtszoll je 100 Kilogramm brutto: Rohkaffee, 50,— sfr; Rohkaffee, entkoffeiniert 76,— sfr; Röstkaffee 90,— sfr und Pulverkaffee 260,— sfr. Für Präferenzländer, die ein Präferenzzeugnis vorlegen können, gibt es bei Pulverkaffee einen Präferenzzoll von 170,— sfr pro 100 Kilogramm (brutto). Bei Rohkaffee und Röstkaffee werden keine Präferenzen gewährt. (2)

Der Kaffeemarkt in der BRD

"Die Bundesrepublik Deutschland ist mit 8,4 Millionen Sack zu je 60 Kilogramm bzw. 505400 Tonnen Brutto-Importen das zweitgrößte Kaffeeimportland der Welt nach den USA (18 Millionen Sack bzw. 1,08 Millionen Tonnen). Der Einfuhrwert von gut 3 Mrd. DM entspricht 1 Prozent der gesamten deutschen Einfuhren bzw. 13 Prozent der Agrareinfuhren.
Die deutsche Kaffeeindustrie ist mit ihren Zweigen Röstkaffee, Extraktkaffee und Entkoffeinierung ein bedeutender Wirtschaftssektor. Sie setzt einschließlich der Auslandsumsätze fast 8 Mrd. DM im Jahr um. Dem Staat werden in Form von Kaffeesteuer, Zoll und Mehrwertsteuer über 2 Mrd. DM davon zugeführt." (3)
Das Wirtschaftswunderland BRD ist seit den 50er Jahren auch das Kaffeewunderland. Aber auch nach der Verschlechterung der wirtschaftlichen Bedingungen wird weiter Kaffee getrunken: Während in nahezu jedem anderen Land der Erde der Kaffeekonsum in den vergangenen Jahren zurückgegangen ist — in den Vereinigten Staaten seit dem Zweiten Weltkrieg um 60 Prozent pro Kopf — so steigt er in der Bundesrepublik, Irland, Frankreich, Belgien, Italien und Österreich weiter an.

"Die Bundesbürger haben im Kaffeekonsum im letzten Jahr einen neuen Rekord aufgestellt. Sie haben nach der Außenhandelsstatistik pro Kopf der Bevölkerung 7,14 (1980: 6,67) Kilogramm Rohkaffee verbraucht. Daraus errechnet sich zwar eine Steigerung um 7 Prozent, die tatsächliche Zunahme, unter Berücksichtigung der Überhänge und Bestände bei den Röstern und auf den Handelsstufen, dürfte jedoch wieder zwischen 3 bis 5 Prozent gelegen haben. Das jedenfalls geben die Marktforschungsinstitute für den Haushaltsmarkt an. Danach sind die Rohkaffee-Einfuhren stärker gestiegen, als für den Konsumzuwachs veranschlagt werden kann." (4)

Die Klagen anderer Branchen über Absatz- und Umsatzrückgänge kennt die Kaffeebranche nicht, schenkt sich doch der Bundesbürger Jahr für Jahr etwas mehr Kaffee in seine Tasse. Trotz dieses größer werdenden Marktes für braune Bohnen ist das bundesdeutsche Kaffeegeschäft hart, vielleicht auch gerade deswegen.
Wie in der gesamten Lebensmittelbranche können die Kleinen immer schlechter überleben. Schon 1976 notierte die Presse unter der Überschrift "Die Zahl der Röstereien ist stark zurückgegangen":
"Der verschärfte Kampf um Marktanteile hat in der Branche der Kaffeeröster tiefe Spuren hinterlassen. Seit 1967 ist die Zahl der Röstereien mit zehn und mehr Beschäftigten um die Hälfte auf rund 70 zurückgegangen. Einschließlich der Kleinbetriebe (bis zu neun Mitarbeitern) dürfte es noch etwa 250 Röstereien geben gegenüber annähernd 600 vor knapp zehn Jahren.
Mitte der 50er Jahre lagen die Schätzungen für die Zahl der Röstbetriebe noch bei 2.000. Dazu gehörten jedoch neben den verhältnismäßig wenigen Produktionsstätten, die sich mit dem Rösten von grünen Rohkaffeebohnen industriell beschäftigen, Hunderte von Röstereien als Nebenbetriebe von Lebensmittel-, Einzelhandels- und Großhandelsunternehmen." (5)

(2) *Angaben nach: Deutscher Gebrauchszolltarif*
(3) *Deutscher Kaffeeverband. In: "Kaffee & Tee-Markt", Heft XXXII/13 vom 5. Juli 1982. Seite 13*
(4) *"Kaffee & Tee-Markt", Heft XXXII/12 vom 22. Juni 1982. Seite 19*
(5) *"Frankfurter Allgemeine Zeitung" vom 5. Februar 1976*

Hieß es 1955 noch "Es gibt heute weit über 2.000 Betriebe, die sich mit dem Rösten von Kaffee befassen, von denen aber nur etwa 20 Firmen einen Anteil an der Gesamtproduktion von mehr als einem Prozent haben. Es kommt aber keine Firma über einen Marktanteil von mehr als 5 Prozent der Gesamtproduktion hinaus, so daß es keine Firmen gibt, von denen man sagen kann, daß sie marktbeherrschend sind" (6), so teilen sich heute sechs der insgesamt 200 Röstereien über 80 Prozent des Röstkaffeemarktes. Auf die Marktführer Tchibo und Jacobs entfällt allein die Hälfte des Kaffeeumsatzes.

Eine solche Marktkonzentration ist nicht im Interesse des Verbrauchers. Zeitungsmeldungen wie "Erbitterte Preiskämpfe — und der Verbraucher freut sich" täuschen vor, daß die Kaffeebranche ein Musterknabe der "freien Marktwirtschaft" wäre.

Bundesrepublik Deutschland: Marktanteile der Kaffeeröstereien (1984)

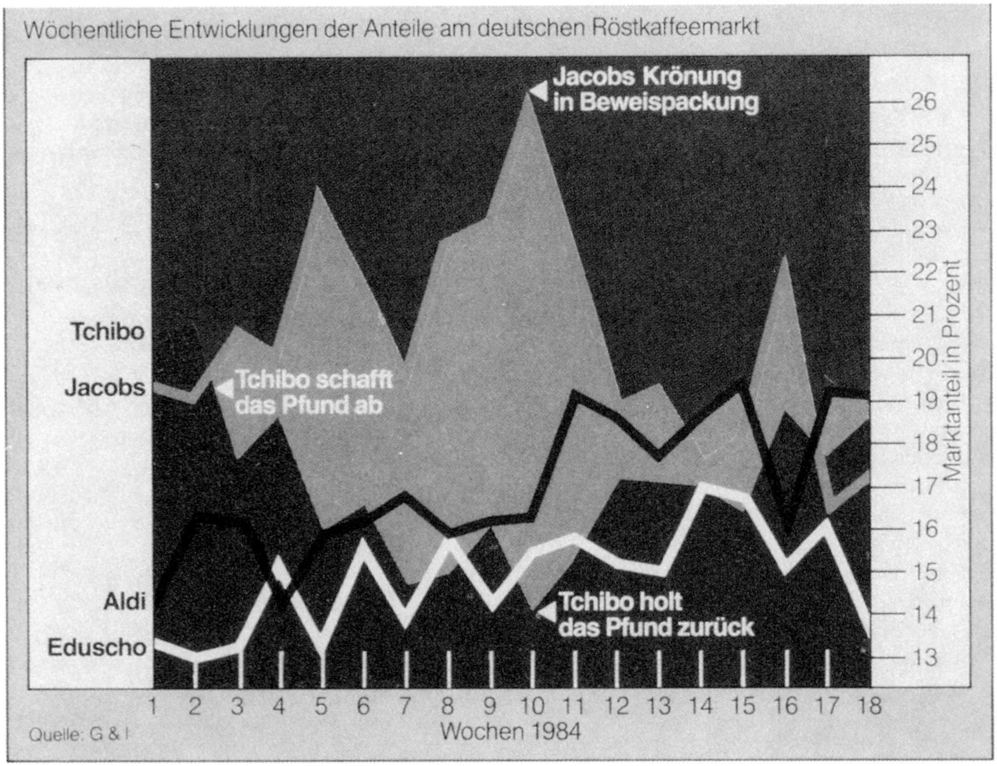

(6) *"Die Ernährungswirtschaft", Jahrgang 1955, Heft 6/7. Seite 181*

(7) *"Manager-Magazin", Heft 7/84 vom Juli 1984. Seite 79.*

"Der Spiegel":

Billiger Vorwand

Seit Jahren war Rohkaffee nicht mehr so billig. Doch in der Bundesrepublik steigen die Kaffeepreise.

Die Marketing-Manager der deutschen Kaffeefirmen wußten, daß auf ihre Kundschaft Verlaß ist. Weil alles teurer würde, so offenkundig ihr Kalkül, würden es die Käufer klag- und folgenlos hinnehmen, wenn sie auch für ihr Pfund „Gold-Mokka" oder ihr Päckchen „Krönung" einige Groschen mehr hinlegen müßten.

Firmen wie Jacobs, Hag oder Melitta marschierten im Juni voran und verlangten rund 55 Pfennig mehr fürs Pfund. Die Branchenführer Tchibo und Eduscho zogen mit Aufschlägen bis zu 50 Pfennig nach. Und einheitlich langten die beiden Großröster in ihren Stehausschänken zu: Die Tasse kostet nun 60 statt bislang 50 Pfennig.

Seltsam nur: Auf dem Weltmarkt sind die Preise für Rohkaffee fast ins Bodenlose abgestürzt. An den Rohstoff-Börsen in London oder New York war im Juni ein Sack grüner Bohnen kaum mehr halb so viel wert wie vor zwölf Monaten. Fünfeinhalb Jahre war Rohkaffee nicht mehr so billig.

Den außergewöhnlichen Preisverfall hat eine wahre Kaffeeschwemme verursacht. Bei der nächsten Ernte sollen weltweit über 94 Millionen Sack, gefüllt mit jeweils 60 Kilo Rohkaffee, anfallen, mehr als je zuvor. Allein das Hauptanbauland Brasilien steigert seinen Ertrag wahrscheinlich um 50 Prozent.

In den USA profitieren die Verbraucher von der Baisse auf dem Weltmarkt. Supermärkte unterbieten sich dort mit Sonderangeboten.

Warum die Bundesbürger statt weniger mehr zahlen müssen, dafür geben die Kaffeeröster eine Begründung, die sie sich anscheinend bei den Ölmultis abgeschaut haben: Bedauerlicherweise könne man die Preissenkungen bei der Rohware nicht an die Kunden weiterreichen, weil die ungünstigen Wechselkurse den Nachschub eher verteuert hätten. Kommentiert Thomas Schlier von der Arbeitsgemeinschaft für Verbraucher: „Der Dollar ist doch nur ein billiger Vorwand."

Das seltsame Preisgebaren paßt zur Branche. Den deutschen Kaffeemarkt teilen sich zu rund 85 Prozent sechs Unternehmen: Jacobs, Tchibo, Aldi, Eduscho, Hag und Melitta. Wenn es an eine Preiserhöhung geht, machen die großen sechs es wie die Auto- oder die Mineralölindustrie: Einer marschiert jeweils voran, und der Rest hängt sich an.

Fast zwei Dollar zahlten die deutschen Röster vor etwa einem Jahr fürs Kilo Rohkaffee. Dann kippte der Kurs im Hamburger und Bremer Hafen parallel zur Londoner und New Yorker Börse steil ab und erreichte in diesem Juni mit 1,08 Dollar je Kilo sein Tief. In New York sank er sogar noch weiter ab.

Zwar nahmen die Kaffeefirmen im vergangenen Jahr auch ihre Verkaufspreise zurück, doch dabei blieb es nicht lange. Denn unterdessen gewann der Dollar gegenüber der Mark stetig an Boden, mittlerweile ist er fast 70 Pfennig teurer als vor einem Jahr.

Das nahmen die Röster zum Anlaß für eine „bescheidene und zurückhaltende" (Tchibo) Korrektur. Doch so genügsam, wie sie gern glauben machen möchten, kalkulieren die sechs Hauptanbieter nicht.

Verrechnet man nämlich das Preistief bei Rohkaffee mit dem Dollarhoch, kaufen die Unternehmen immer noch 25 bis 30 Prozent günstiger ein als vor einem Jahr. (8)

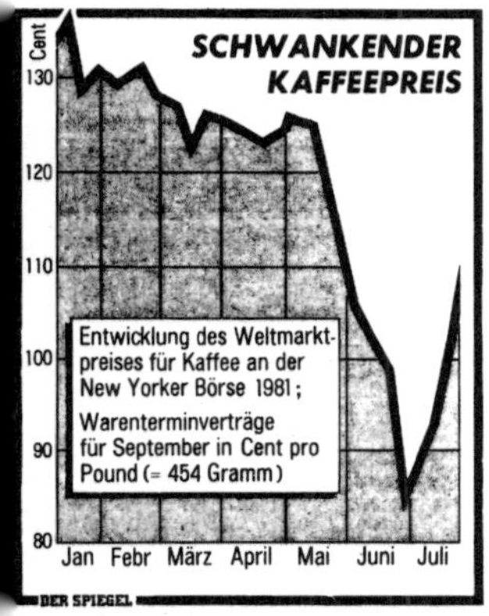

(8) "Der Spiegel", Heft 31/81 vom 27. Juli 1981. Seite 58 ff

Von der Machtkonzentration der wenigen Großröster sind nicht nur die Kaffeetrinker in Form überhöhter Preise, sondern auch die Produzenten und die kaffeeproduzierenden Länder betroffen, denn:

Die bundesdeutschen Importeure
kaufen für den zweitgrößten Kaffeemarkt der Welt ein: über 10 Prozent des Weltexports entfallen auf diesen Markt.
Der bundesdeutsche Markt
ist größer als die Exportproduktion einzelner Kaffeeländer. Nur Brasilien und Kolumbien, die größten Kaffeeproduzenten der Erde, exportieren mehr als der bundesdeutsche Markt aufnimmt.

Bei diesen Ankaufmengen sind die Produzentenländer in einer schlechten Position. Die Großabnehmer verfügen, insbesondere wenn das Kaffeeangebot auf dem Weltmarkt die Nachfrage übersteigt (was die Regel ist), über eine ungemein starke Verhandlungsposition. Sie haben damit wesentlich größeren Einfluß auf die Preisgestaltung als die Produzentenländer.

Im Kaffeejahr 1978/79 kauften die bundesdeutschen Importeure:
ein Drittel
der kolumbianischen Ernte.
Kolumbien ist zu 65 Prozent vom Kaffee-Export abhängig.
Die Hälfte
der Ernte von El Salvador.
El Salvador ist zu 55 Prozent vom Kaffee-Export abhängig.
Ein Drittel
der tanzanischen Ernte.
Tanzania ist zu 36 Prozent vom Kaffee-Export abhängig.
Die Hälfte
der Ernte von Kenia.
Kenia ist zu 33 Prozent vom Kaffee-Export abhängig.

Bei sogenannten *special deals* (Sonderabschlüssen) erhalten die großen Kaffeeröster durch Direkteinkauf bei den Produzenten oder bei den nationalen Kaffeeorganisationen in den Produktionsländern Sonderrabatte. In einem *special deal* wird vereinbart, daß ein Kaffeeröster monatlich, jährlich oder quartalsmäßig eine bestimmte Menge Kaffee abnimmt. Die Kaffee-Exportorganisation bietet ihrerseits erhebliche Preisnachlässe an. Die Kaffeepreise liegen manchmal sogar deutlich unter den offiziellen ICO-Tarifen, so etwa im Jahr 1980 für brasilianischen und kolumbianischen Kaffee statt bei regulären 2,105 Dollar pro *pound* bei nur 1,13 Dollar. (9)

Kaffeekonzerne

Einige der Kaffeefirmen in der Bundesrepublik, aus kleinen Familienbetrieben hervorgegangen, haben sich zu europäischen oder sogar internationalen Konzernen entwickelt. Lediglich Tchibo engagierte sich nicht international, sondern kaufte sich im deutschen Genußmittelmarkt ein. Andere Kaffeefirmen wurden von multinationalen Konzernen aufgekauft, so Kaffee HAG von der US-Firma General Foods.
Drei Vertriebssysteme beherrschen den deutschen Kaffeemarkt. Zum einen sind die sogenannten Kaffeeversender zu nennen, beispielsweise Eduscho oder Tchibo, die sich als Vertreter des Versandhandels verstehen, jedoch eigentlich Filialisten sind. Zum anderen sind es die sogenannten Kaffeeabpacker — Jacobs, Melitta und Onko, um nur die größten zu nennen — die den Lebensmittelhandel und eventuell auch den Großhandel beliefern. Zum dritten gibt es Handelsunternehmen, zum Beispiel Aldi, Rewe, Spar, Edeka, die die eigene Rösterei bzw. die eigene Handelsmarke präsentieren. Rund 25 Prozent des Röstkaffees wurden 1980 bereits über die neuen Vertriebsformen der Discounter, Verbrauchermärkte und Selbstbedienungsläden verkauft.
Die führenden Kaffeemarken in Österreich sind Jacobs (rund 25 Prozent) und Meinl (etwa 20 Prozent). Der Schweizer Marktführer ist Migros mit

(9) "Kaffee & Tee-Markt", Heft XXX/24 vom 19. Dezember 1980. Seite 8

einem Marktanteil von etwa 50 Prozent, an zweiter Stelle hält Coop einen Marktanteil von rund 20 Prozent.
Der Konkurrenzkampf ist hart. Zwischen den führenden Firmen gibt es Marktanteilskämpfe und Verdrängungswettbewerbe, die an Schärfe ihresgleichen in der übrigen Lebensmittelbranche suchen. Was auch immer für Zahlen den Preisermäßigungsaktionen zugrunde liegen — sie sind nur ihr zweiter Grund. Der erste Grund ist immer: Wie verbessere ich meinen Marktanteil zu Lasten meines Mitbewerbers?
"Die Gesamtwerbeausgaben im Kaffeebereich haben sich von 120 Mio. DM (1980) auf ca. 150 Mio. DM (1981) gesteigert. Dies dürfte nicht nur auf erhöhte Kosten der Medien zurückzuführen sein." (10)

Neben der markengebundenen Werbung der einzelnen Kaffeefirmen wird auch allgemein für das Produkt Kaffee geworben:
"Die Deutsche Gesellschaft für Kaffeewerbung mbH hat im Jahre 1981 mit einem Werbeetat von 2 Mio. DM unter 50-prozentiger Finanzierung der ICO sowie Beiträgen der deutschen Kaffeewirtschaft über die Werbeagentur Heye, Needham & Partner die Kaffee-Gemeinschaftswerbung weiter betrieben. Sie konzentrierte sich auf den Zeitschriftenbereich mit einer bundesweiten Abdeckung und unter Benutzung einer völlig neuen Thematik, die Kaffee als positives Getränk zu vielen Gelegenheiten herausstellen sollte. Die Reaktion auf diese Kampagne kann als durchaus positiv bezeichnet werden." (11)

Im folgenden werden vier Konzerne vorgestellt, die auf dem Kaffeemarkt der Bundesrepublik eine Rolle spielen. Tchibo und Jacobs werden in ihrer Eigenschaft als Marktführer beschrieben, Nestlé und General Foods verdienen Beachtung durch ihre internationale Bedeutung.
Am Beispiel der Firma Tchibo soll überdies die Unternehmenspolitik eines Kaffeekonzerns dargestellt werden.

"Tchibo — Der Dicke mit den goldenen Händchen" (12)

1949 begann der Firmengründer Max Herz mit einem Versandhandel. Mit diesem Vertriebssystem von heute über 500 Filialen und 6.500 Verkaufsdepots brach Tchibo in den oft nur lokalen Markt der kleinen Röstereien ein.
Umsätze und Gewinne waren bis 1977 unbekannt, da die Firma als Kommanditgesellschaft (KG) ihre Bilanzen nicht veröffentlichen mußte.
Um dem Mitbestimmungsgesetz zu entgehen, verwandelte die Familie Herz ihren Besitz in verschiedene und formal unabhängige Firmen, die aber alle weiterhin im Besitz der Familie blieben.
Der Weg zum Konzern begann mit einer 25-prozentigen Beteiligung an der Beiersdorf AG und weiteren Aufkäufen oder Beteiligungen an kleineren Firmen, so beispielsweise 1968 an Pedro-Kaffee.
Schlagzeilen der Wirtschaftsblätter wie "Mit Kaffee die Bilanz vergoldet" (13) zeigten überdeutlich die "überaus positive Ertragssituation" der Firmen der Familie Herz. Mit der Umwandlung in eine Aktiengesellschaft (AG) sollte dies gesichert werden: "In einer zwölfseitigen Presseinformation werden mit lobenswerter Akribie die Beweggründe und die technischen Einzelheiten dieser spektakulären Transaktion verdeutlicht und daraus kein Hehl gemacht, daß die mit dem neuen Mitbestimmungsgesetz (14) zusammenhängenden Fragen bei dem Umwandlungsprozeß 'eine erhebliche Rolle' gespielt haben. So wird insbesondere auf die, wie es heißt, 'retardierenden Auswirkungen auf die Schnelligkeit und Unabhängigkeit in der unternehmerischen Entscheidung und die das Eigentumsrecht erheblich tangierenden Bestimmungen' hingewiesen.
Den Mitgliedern der Familie Herz sei diese Entscheidung 'nicht leicht gefallen'. Die Gesellschafter seien jedoch davon überzeugt, daß der enge persönliche Kontakt und das traditionell gute Verhältnis zwischen ihnen und den (rund 3.700) Mitarbeitern des Unternehmens über den Tag hinaus Be-

(10) *Deutscher Kaffeeverband, Jahresbericht 1981*
(11) *Deutscher Kaffeeverband, Jahresbericht 1981*
(12) *"Wirtschaftswoche" vom 26. April 1977*
(13) *"Handelsblatt" vom 23. Juli 1980*
(14) *Das Mitbestimmungsgesetz gewährt Gewerkschaftern und Arbeitnehmervertretern ab einer bestimmten Betriebsgröße eine knapp unter der Parität liegende Vertretung im Aufsichtsrat.*

stand haben und dazu beitragen werde, die Hemmnisse, die das Mitbestimmungsgesetz für eine dynamische Entwicklung geschaffen habe, 'im Sinne vernünftig abgewogener und abgestimmter Gemeinsamkeiten zu überwinden'." (15)
Wie dieses traditionell gute Verhältnis zwischen Mitarbeitern und Betriebsführung aussieht, läßt sich wenige Tage später aus der "Wirtschaftswoche"entnehmen:

"Daß in dem quirligen Tchibo-Haus hart gearbeitet wird und hohe Einsatzbereitschaft verlangt wird, versteht sich von selbst. Angestellte, die einen besonderen Wert auf Freizeit, Familie und normalen Blutdruck legen, bewerben sich besser bei der Bundesbahn...
Ein Vorstandsmitglied: 'Wir sind doch keine Sozialversicherungsanstalt'." (16)

Eine straffe Personalführung, Umgehung des Mitbestimmungsgesetzes, eine geschickte Einkaufspolitik (das heißt: Ausnutzung der Marktposition für den Einkauf von billigem Rohkaffee) sowie eine aggressive Absatzpolitik mit Uhren, Fahrrädern und Büchern oder anderen "Beigaben" führten zwar wegen unzulässiger Koppelungsgeschäfte zu verschiedenen Gerichtsprozessen, aber auch zu hohen Gewinnen. Zu Zeiten explodierender Rohkaffeepreise explodierten bei Tchibo die Gewinne.
Der Gewinn des Jahres 1979 (ca. 70 Mio. DM) lag fast so hoch wie die gezahlten Löhne und Gehälter (ca. 86 Mio. DM) für die rund 3.600 Beschäftigten des Hauses. (17)
Pro Kilogramm verkauftem Kaffee lag der Reingewinn (Jahresüberschuß) 1979 bei ca. –,77 DM bei einem Ladenpreis von 21,— DM pro Kilogramm. (18)

Mit welcher Unternehmenspolitik es Tchibo gelingen konnte, seine Marktposition auf- und auszubauen, schildert der folgende zeitliche Abriß:
"Herz erkannte rechtzeitig, daß er mit diesem auf bestimmte Käuferschichten begrenzten Vertriebsweg allein die schnell zu Ende gehende Zeit der Rationierung nicht lange überdauern würde. Er hatte gelernt: Frauen wollen röstfrische Bohnen. Um

Tchibo: Zahlen des Konzerns

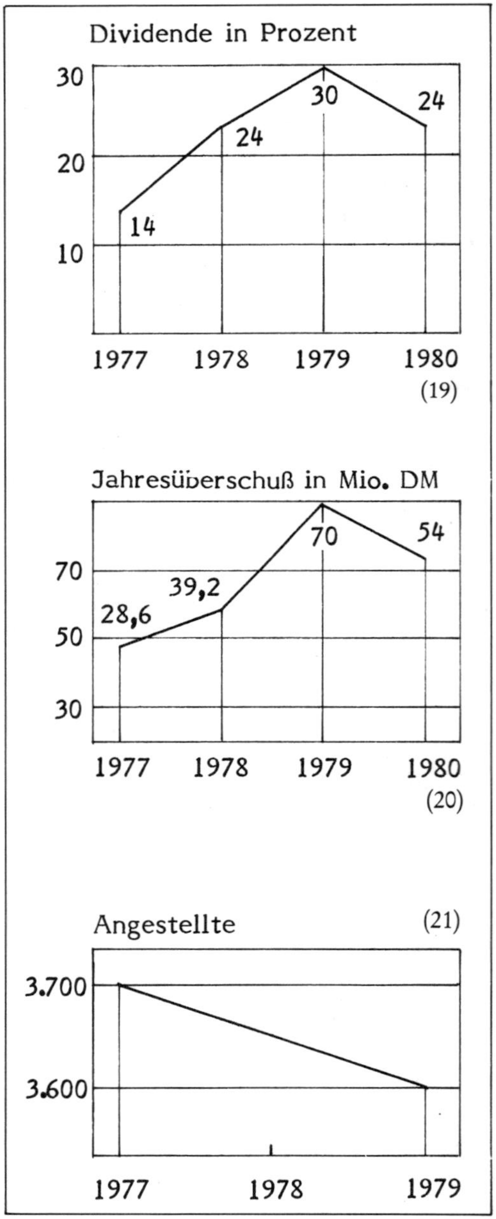

(15) *"Handelsblatt" vom 25. April 1977*
(16) *"Wirtschaftswoche" vom 26. April 1977*
(17) *Tchibo-Geschäftsbericht 1979*
(18) *Tchibo-Geschäftsbericht 1979. Und: Deutscher Kaffeeverband, Jahresbericht 1979*
(19) *Angaben nach: "Handelsblatt" vom 18. August 1978; "Kaffee & Tee-Markt", Heft XXIX/15 vom 6. August 1979; "Frankfurter Allgemeine Zeitung" vom 22. Juli 1980; "Kaffee & Tee-Markt", Heft XXXI/16 vom 21. August 1981*
(20) *Angaben nach "Wirtschaftswoche" vom 26. April 1977. Und: "Hamburger Abendblatt" vom 11. September 1980*
(21) *Angaben nach: "Wirtschaftswoche" vom 26. April 1977. Und: "Hamburger Abendblatt" vom 11. September 1980*

diese Qualität garantieren zu können, mußte er die Ware schnell umschlagen. Das wiederum bedingte Konzentration auf eine Marke ('Gold Mocca'), und die mußte billig sein. Dieses System ließ sich am besten in eigenen Filialen realisieren, in die Herz die Kunden mit Coupons und 20-Pfennig-Kaffeeproben locken wollte. Die Idee schlug ein. 'Wir sind', gibt Sohn Günter Herz heute zu, 'als Discounter in den deutschen Kaffeemarkt hineingekommen.'
Um die Grenzen des Wachstums hinauszuschieben, ergänzte Max Herz seinen Vertrieb noch mit einem dritten Weg: Er richtete bei erstklassigen Bäckern und Konditoren Kaffee-Frisch-Depots ein (eine narrensichere, kostengünstige Sache).
Von diesen beiden strategischen Entscheidungen lebt das Unternehmen noch heute: Die 510 eigenen Filialen sorgen für knapp 40, die rund 6.500 Depots für 50 Prozent des Gesamtumsatzes. Der Versand ist auf ca. 5 Prozent geschrumpft; den Rest bringt ein von den Söhnen hinzugefügter Kaffee-Service für Großabnehmer. (...)
Über die Jahre konsequenter und nicht an der Mark sparender Werbeeinsatz — die besten Komponisten (wie Christian Bruhn) und die teuersten Interpreten (wie Harry Belafonte oder Helen Schneider) legen sich für Tchibo ins Zeug — läßt die Kernzielgruppe Frauen Tchibo längst mit 'frischem, aromatischem Kaffee' identifizieren. Den Tchibo-Mann, eine klassische Werbefigur (erfunden von Scholz-Vorgänger William Bernbach), die vor allem an diesem Image gewirkt hat, braucht Tchibo deshalb heute nur noch für Promotion. Scholz rühmt: 'Der Anteil markentreuer Kunden ist bei uns größer als bei allen anderen Anbietern.'

Mehr zufällig stießen die Herz-Brüder Anfang der 70er Jahre auf eine weitere Goldader. Um das Weihnachts- und Ostergeschäft anzukurbeln, koppelten sie das Kaffeegeschäft mit Zusatzartikeln. Sie ließen sich zum Beispiel ein Kochbuch (Ladenpreis 55 Mark) in einer Auflage von 800.000 Stück drucken und boten es in ihren Filialen für 8,05 DM an. Das Ergebnis war überwältigend. 'Damals haben wir gedacht, wir sollten nur noch Bücher verkaufen, das ist rentabler', erinnert sich Günter Herz noch heute stolz an diesen ersten Streich.
Aus der Okkasion machte Herz ein systematisches Geschäft, das hilft, den teuren, mit hohen Fixkosten belasteten Vertriebsapparat 'Filialnetz' besser auszulasten." (22)
Im Jahre 1980 entfielen von den 1,9 Mrd. DM Umsatz auf den Bereich der Gebrauchsartikel 400 Mio. DM. (23)
1980 kaufte sich die Herz-Familie für 400 Mio. DM zu 53 Prozent bei dem Tabak- und Getränkekonzern Reemtsma ein. Um kartellrechtliche Schwierigkeiten zu umgehen, wurde die Übernahme aufgeteilt: 43 Prozent kaufte die Tchibo-AG (voll im Besitz der Familie), den Rest die Witwe des Firmengründers Herz. (24)
Durch ihre Firmen verkauft die Familie Herz heute in der Bundesrepublik jede vierte Tasse Kaffee, jede dritte Zigarette und jedes zwölfte Glas Bier; bei den beiden letztgenannten Produkten liegt eine 53-prozentige Beteiligung vor.

(22) "Manager-Magazin", Heft 2/81 vom Februar 1981. Seite 46 ff

(23) "Manager-Magazin", Heft 2/81 vom Februar 1981. Seite 44

(24) Angaben nach: "Welt am Sonntag" vom 14. September 1980; "Hamburger Abendblatt" vom 11. September 1980; "Handelsblatt" vom 23. Juli 1980; "Frankfurter Allgemeine Zeitung" vom 22. Juli 1980

Einen knappen Überblick über die Firmenbeteiligungen der Familie Herz und die formale Struktur ihres Engagements im Kaffeebereich vermittelt das folgende Schaubild:

Tchibo: Firmen, Firmenbeteiligungen und Produkte

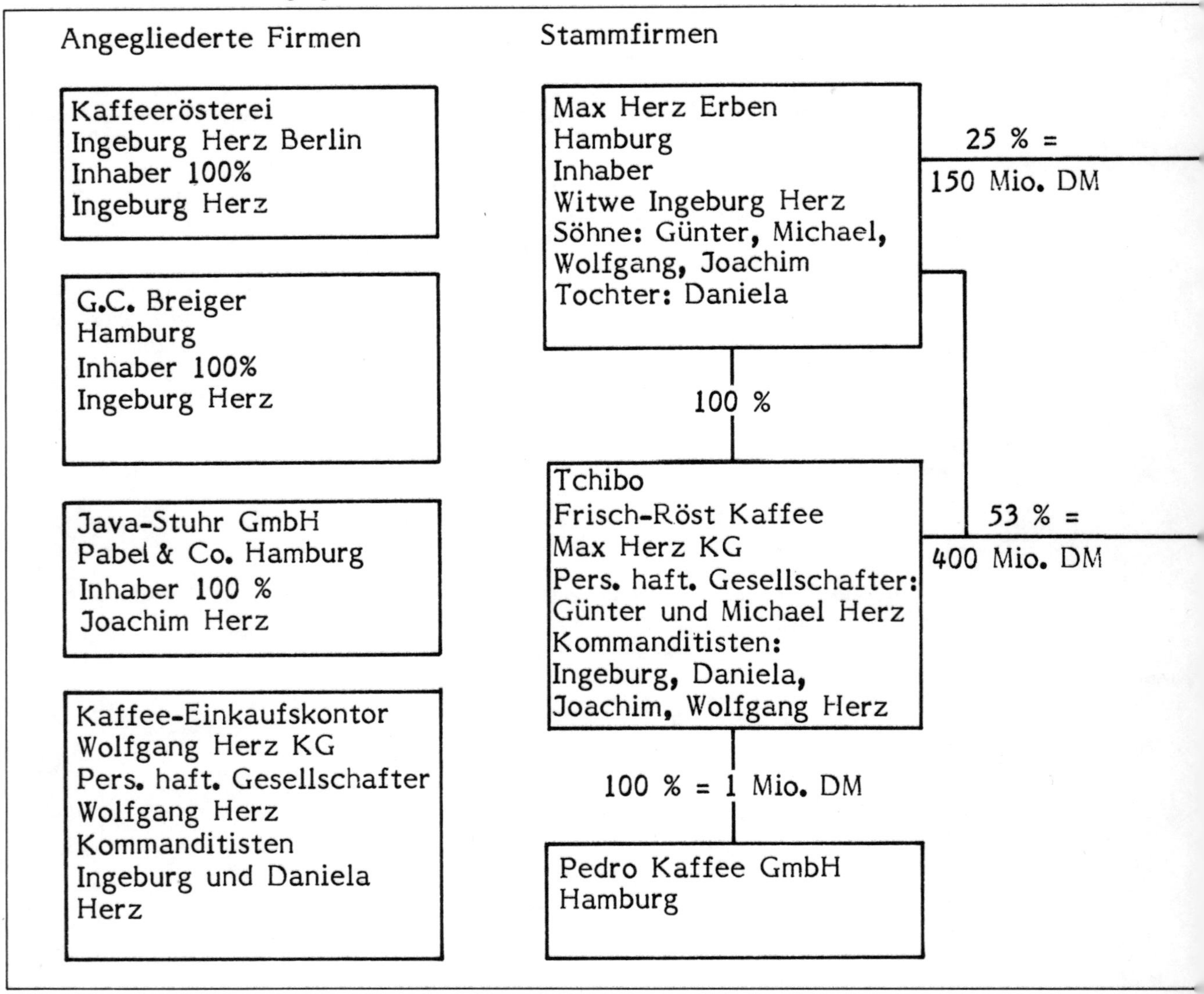

(25) *Zusammengestellt nach: "Wirtschaftswoche" vom 26. April 1977. Und: "Hamburger Abendblatt" vom 11. September 1980.*

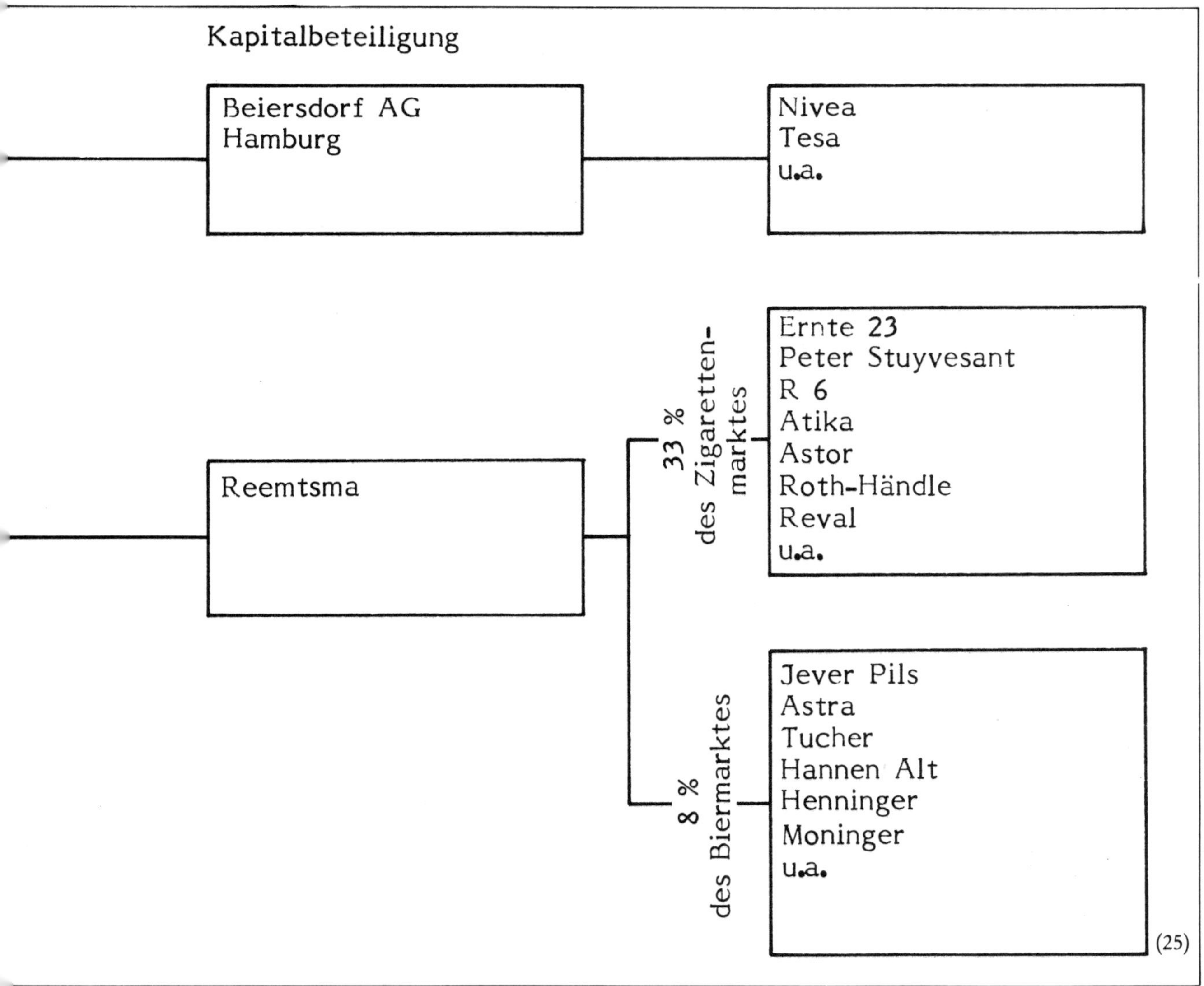

"Jacobs Kaffee — wunderbar"

"Achtzig Jahre lang standen dem Hause Jacobs in Bremen Firmenchefs vor, die sich mit der Berufsbezeichnung 'Kaufmann' oder 'Geschäftsführer' begnügten. Seit zwei Jahren wird Deutschlands größtes Kaffeeunternehmen (Jahresumsatz 1975: 965 Mio. DM) von einem *President and Chief Executive Officer* geleitet. Träger des pompösen Titels ist Klaus J. Jacobs, 40, ein Großneffe des Firmengründers Johann Jacobs, der 1895 einen 'Kaffee- und Teeladen' im Bremer Domshof eröffnet hatte." (26)
1929 schuf Walter Jacobs mit Kaffee, der lose vertrieben und verkauft wurde, durch eine einheitliche Verpackung einen Markenartikel. Mit der Einführung eines Frischdienstes, der den Kaffee schnell und damit röstfrisch an die Einzelhändler lieferte, gelang Jacobs der Durchbruch.
"Der totale Bruch mit der hanseatischen Tradition datiert aus dem Jahre 1973. Damals wurde die Joh. Jacobs & Co. GmbH, Bremen, an die Schweizer Holding (27) Jacobs AG, Zürich, verkauft. Bei dieser steuerreduzierten Transaktion blieben die Besitzer jedoch die gleichen." (28)

"Eine bittere Niederlage erlitt der Bremer Kaffeemacher am 8. Juli 1974. An diesem Tag verweigerte eine Aktionärsminderheit bei der holländischen Tee- und Kaffeefirma 'Douwe Egberts' die Zustimmung zu einer Fusion mit Jacobs. Ein Jahr zuvor hatten die Manager bereits die Holding 'Douwe Egberts Jacobs AG' in Zürich gegründet, in die beide Unternehmen zu 100 Prozent eingebracht werden sollten. Mit dieser besonders von Klaus Jacobs promovierten Konstellation wäre nicht nur Europas größte Kaffee- und Teegruppe mit einem Umsatz von 2,5 Mrd. DM entstanden, sondern auch der zweitgrößte Kaffee-Einkäufer der Welt hervorgegangen." (29)

Als Douwe Egberts aus den Fusionsplänen ausstieg, erweiterte Jacobs seinen Einfluß auf die kontinuierlichen Märkte, indem die Holding sich in verschiedenen Firmen in Frankreich, Belgien, der Schweiz, Dänemark, Kanada, Kolumbien und Guatemala einkaufte.

"Jacobs übernimmt Frankreichs größten Kaffeeröster
Die Jacobs AG, Zürich, übernimmt nach Angaben des Unternehmens vom 22. April 100 Prozent des Aktienkapitals von Frankreichs größtem Kaffeeröster, Les Cafés Jacques Vabre S. A., Laverune / Paris. Die französische Gesellschaft befand sich bisher zu je 50 Prozent im Besitz von Douwe Egberts und Jacobs.
Jacques Vabre erzielte 1976 einen Umsatz von rund 600 Mio. Francs. Das Unternehmen, in dem 590 Mitarbeiter beschäftigt sind, verfügt über eine moderne Rösterei in Laverune bei Montpellier. Sitz der Hauptverwaltung ist Maisons-Alfort bei Paris. Mit 17 Prozent Anteil am Kaffeeverbrauch der französischen Haushalte ist Jacques Vabre nach Angaben von Jacobs Marktführer in Frankreich.
Wie aus Zürich erläutert wird, endet mit der 100-prozentigen Übernahme von Jacques Vabre für Jacobs und Douwe Egberts die Phase gemeinsamer Expansion. Nachdem die in der Folge angestrebte Fusion mit Douwe Egberts nicht zustande kam, entschloß sich Jacobs, den Aufbau eines internationalen Kaffeeunternehmens allein voranzutreiben. Mit der Übernahme des französischen Kaffeerösters, die vorbehaltlich der Genehmigung durch die französischen Behörden sofort wirksam wird, habe Jacobs die Position als Nummer Eins auf dem europäischen Kaffeemarkt weiter ausgebaut." (30)

Diese Internationalisierung erlaubt der Familie Jacobs, die 75 Prozent an den Aktien der Holding hält und ihr Domizil inzwischen in die Schweiz verlegt hat, nationale Gesetze (Steuergesetze, Mitbestimmungsgesetz) zu umgehen.

"Jacobs mitbestimmungsfrei
Frankfurt am Main — Die Kaffeefirma Joh. Jacobs & Co. GmbH in Bremen hat ihre Belegschaft auf unter 2000 reduziert und sich so der Mitbestimmung entzogen. Dies gab der Zweite Vorsitzende der Gewerkschaft Nahrung, Genuß, Gaststätten,

(26) *"Wirtschaftswoche" vom 25. März 1977*
(27) *Holding: Aktiengesellschaft, die Aktien und Geschäftsanteile verschiedener Firmen erwirbt, um sie zu verwalten und mit ihrer Hilfe die Unternehmungen zu kontrollieren, selbst aber nichts produziert.*
(28) *"Wirtschaftswoche" vom 25. März 1977*
(29) *"Wirtschaftswoche" vom 25. März 1977*
(30) *"Kaffee & Tee-Markt", Heft XXVII/9 vom 6. Mai 1977. Seite 24*

Günter Döding, am Dienstag bekannt. Jacobs habe den Produktionsbereich für löslichen Kaffee der in Zürich ansässigen Jacobs GmbH International zugeschlagen und so die Beschäftigtenzahl in der deutschen Großrösterei von 2600 auf unter 2000 reduziert." (31)

So entstand ein multinationaler Konzern mit weltweit rund 4.000 Mitarbeitern und 2,6 Mrd. sfr Umsatz. 1980 lag der Gewinn des Multis bei 62 Mio. sfr, auf das Kapital wurden 12 Prozent Dividende ausgeschüttet.

"Steuerpolitik zwingt Jacobs zur Ausgliederung
Zürich (Eigener Bericht) — Der führende europäische Röstkaffeehersteller, die Jacobs-Gruppe, 'überdenkt' wegen der Steuerpolitik in Bonn zur Zeit seine Aktivitäten in der Bundesrepublik und schließt eine Umgründung seiner größten Produktionsgesellschaft, der Joh. Jacobs & Co. GmbH, Bremen, in eine reine Betriebsstätte unter Schweizer Obhut nicht aus. Als Warnschuß an Bonn, so gaben Sprecher der Jacobs AG, Zürich, als Dachgesellschaft der Gruppe, vor der Presse zu verstehen, sieht das Kaffee-Familienunternehmen die geschlossene Ausgliederung der Instantkaffee-Aktivitäten (18 Prozent vom Umsatz) aus der deutschen Tochter in eine reine Betriebsstätte in Bremen der Schweizer Holding unter Einbeziehung des Teegeschäfts (über 2 Prozent vom Umsatz) mit insgesamt 600 Mitarbeitern an. Die Jacobs AG, Zürich, konnte 1976 ihren konsolidierten Konzernumsatz um 30,5 Prozent auf 1,73 (1,33) Mrd. sfr steigern. Ohne Währungsverschiebungen hätte die Umsatzsteigerung 35 Prozent betragen, ohne die eingetretene Rohkaffeehausse 7 Prozent . Der *Cash-flow* verbesserte sich auf 81,2 (72,2) Mio. sfr, der Reingewinn auf 51,2 (47,9) Mio. sfr. Es werden unv. 8 Prozent Dividende bezahlt. Wichtigstes Glied des Kaffeekonzerns ist immer noch die Joh. Jacobs & Co. GmbH, Bremen, deren Umsatz auf 1,25 (0,97) Mrd. DM stieg. Die mengenmäßige Zunahme beträgt jedoch lediglich 2 Prozent. Beim Röstkaffee-Haushaltsverbrauch konnte die Firma ihre Marktführerschaft mit einem Anteil von 24 Prozent weiter festigen, im um 4 Prozent rückläufigen Instantkaffeemarkt konnte die Position mit einem Anteil von 19 Prozent gehalten werden.
Im August 1976 war von der Jacobs AG die im Kaffee- und Feinkostsektor tätige Nabob Foods Ltd. in Vancouver/Kanada erworben worden, anfangs April des laufenden Jahres hat die Gesellschaft die andere Hälfte des Kapitals der Jacobs-Beteiligungsgesellschaften in Frankreich und Dänemark übernommen. Voraussichtlich 1979 will die Jacobs AG ihre Aktien zum Handel an der Zürcher Börse einführen lassen. Zu diesem Zweck hat die schweizerische Bankgesellschaft im Rahmen einer Kapitalerhöhung von 150 auf 200 Mio. sfr einen Anteil von 25 Prozent am Gesellschaftskapital erworben. Die restlichen 75 Prozent befinden sich weiter in Familienbesitz." (32)

Jacobs ist heute drittgrößter Röster der Welt und kauft etwa 5 Prozent der Welternte auf. Die Expansionspläne gehen weiter. So meldet die "Frankfurter Rundschau" 1980:
"Jacobs verkauft Kaffee in Japan
Der Kaffeekonzern Jacobs will neue Märkte erschließen. So will die Bremer Großrösterei den japanischen Kaffeemarkt erobern, wie der Wirtschaftsdienst des Bremer Senates berichtet. Konzernsprecher Klaus J. Jacobs erklärte, mit dem bisherigen Verlauf 1980 sei man zufrieden." (33)

(31) "Frankfurter Rundschau" vom 27. September 1977
(32) "Süddeutsche Zeitung" vom 10. Juni 1977
(33) "Frankfurter Rundschau" vom 9. Oktober 1980

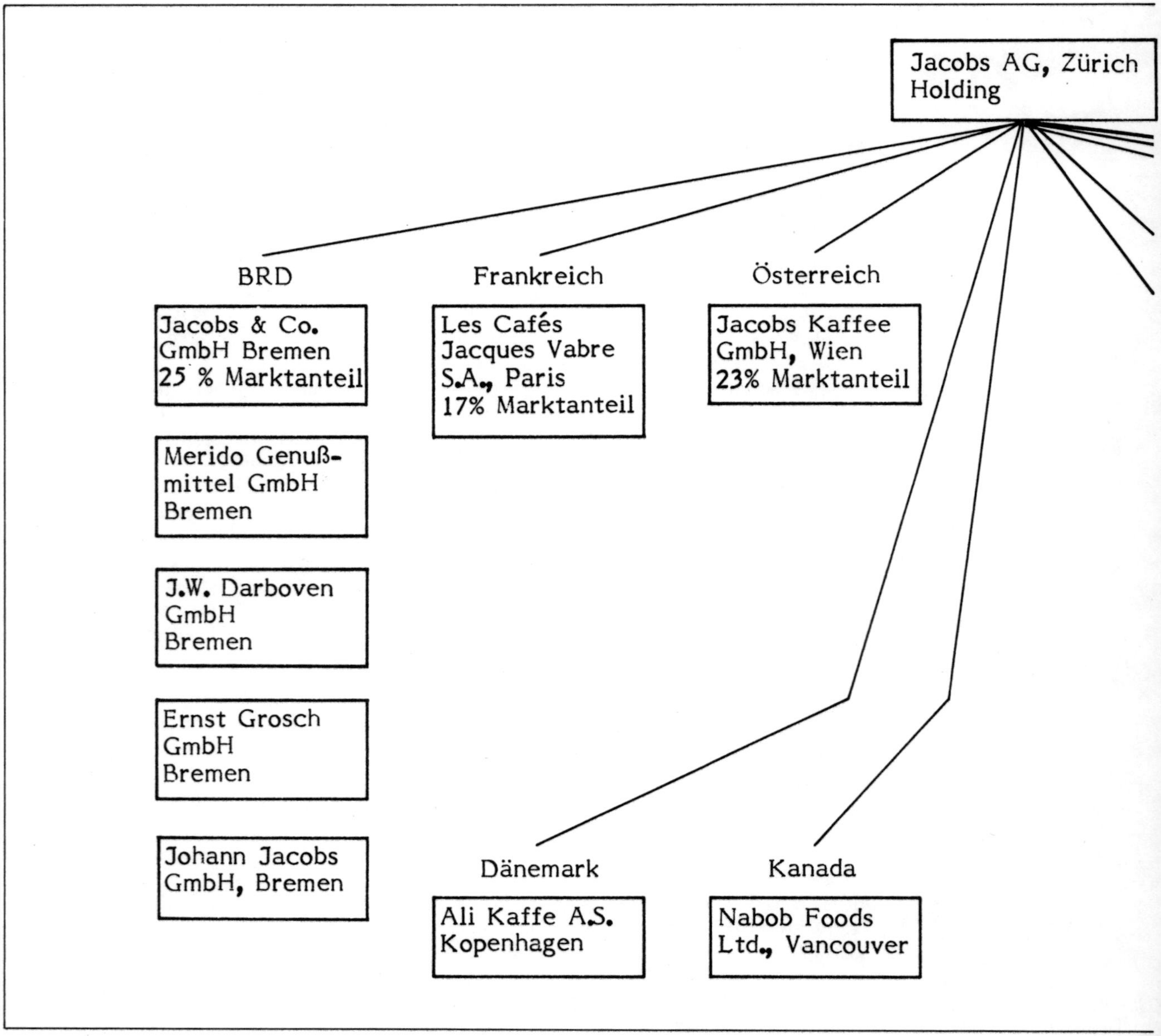
Jacobs AG, Zürich
Holding
BRD
Frankreich
Österreich
Jacobs & Co. GmbH Bremen 25 % Marktanteil
Les Cafés Jacques Vabre S.A., Paris 17% Marktanteil
Jacobs Kaffee GmbH, Wien 23% Marktanteil
Merido Genußmittel GmbH Bremen
J.W. Darboven GmbH Bremen
Ernst Grosch GmbH Bremen
Johann Jacobs GmbH, Bremen
Dänemark
Kanada
Ali Kaffe A.S. Kopenhagen
Nabob Foods Ltd., Vancouver

(34) *Zusammengestellt nach: "Wirtschaftswoche" vom 25. März 1977*

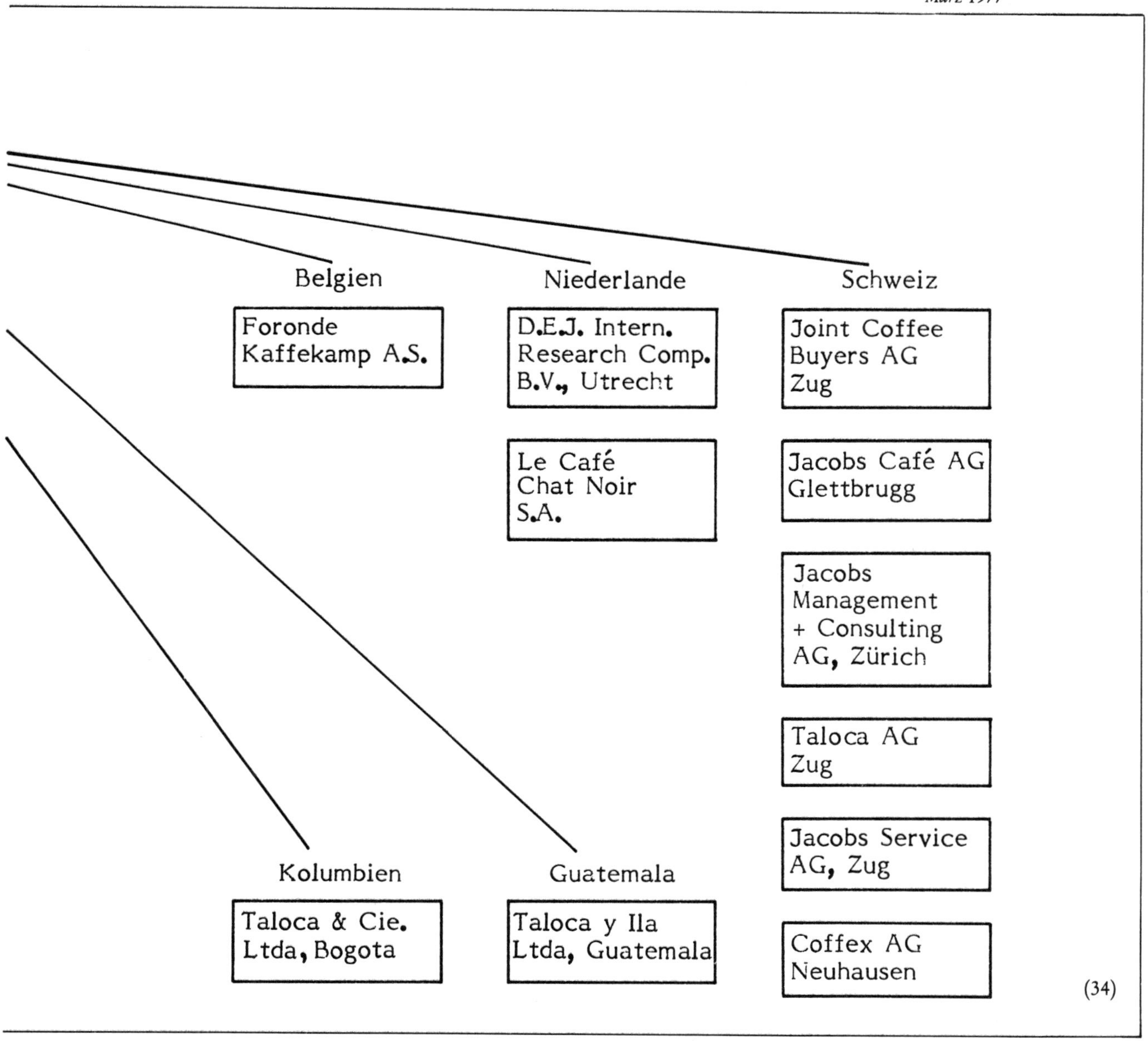

Nestlé

Nestlé ist ein weltweiter Nahrungsmittelkonzern mit Sitz in der Schweiz. Nestlé verfügt in mehr als 50 Ländern über insgesamt 287 Produktionsstätten. (35) Der Konzern beschäftigte weltweit im Jahr 1981 etwa 140 000 Personen und erzielte einen Umsatz von rund 27,7 Mrd. sfr. Die Fachpresse berichtete:
"Der Gewinn erhöhte sich um 41,1 Prozent auf 964 Mio. sfr. Mit Instantgetränken einschließlich Kaffee und Tee erwirtschaftete der Konzern 28 Prozent seines Umsatzes, mit Milchprodukten 22 Prozent, mit anderen Nahrungsmitteln 16 Prozent. 41 Prozent des Gesamtumsatzes fallen in Europa an, jeweils 19 Prozent in Nordamerika und in Lateinamerika/Karibik." (36)
Die bundesdeutsche Nestlé-Tochter hat ihren Hauptsitz in Frankfurt. Sie beschäftigt etwa 12.400 Menschen und erzielt einen Umsatz von (1981) 3,125 Mrd. DM. (37) Die Nestlé-Gruppe Deutschland GmbH, so der offizielle Firmenname, gab 1981 allein etwa 100 Mio. DM für Werbung aus. Der Profit lag in diesem Jahr bei 77,8 Mio. DM (38).
Einige aufschlußreiche Zahlen für die Arbeit der deutschen Nestlé-Tochter aus den Jahren 1979 und 1980 enthält folgende Tabelle:

Kennzahlen (in Mio. DM)	1980	1979
Nestlé-Gruppe	2.942	2.768
Umsatz		
davon		
Teilkonzerne		
Allgäuer		
Alpenmilch	1.143,0	1.071,0
Maggi	854,0	791,0
Nestlé-Erzeugnisse	757,0	731,0
Jahresüberschuß	66,3	76,3
Umsatzrendite (%)	2,3	2,8
Abschreibungen	83,6	70,6
Investitionen	100,3	101,2
Personalkosten	567,0	540,0
Mitarbeiter	12.700,0	12.800,0

(39)

Bekannte Produkte von Nestlé Deutschland sind:
Nescafé
Nesquick
Maggi
Libby
Allgäuer Alpenmilch
Sarotti
Chambourcy
Thomy-Feinkost

Der Nestlé-Gesamtkonzern ist das zweitgrößte Nahrungsmittelunternehmen der Welt. Diese beherrschende Stellung hat ihn nicht daran gehindert, sich durch zweifelhafte und höchst umstrittene Verkaufs- und Werbemethoden für Babynahrung in der Dritten Welt (Stichwort: "Nestlé tötet Babys") einen sehr schlechten Ruf zu verschaffen.

General Foods

Der US-amerikanische Konzern General Foods ist der größte Konzern im Lebensmittelbereich. In den USA hält General Foods 35 Prozent der Marktanteile an Röstkaffee und 45 Prozent an Pulverkaffee (1979). (40)

General Foods: Anteile am Kaffeemarkt	
Schweden	30,0 % (gesamt)
Japan	25,0 % (Pulverkaffee)
Großbritannien	22,0 % (Pulverkaffee)
Dänemark	9,0 % (gesamt)
Frankreich	8,0 % (gesamt)
Bundesrepublik Deutschland	7,9 % (Pulverkaffee)

(41)

Mit der Instantkaffeemarke Maxwell agierte der Konzern auf dem deutschen Kaffeemarkt mehr oder minder glücklos. Dieser Markt entwickelte sich nach anfänglich großen Steigerungsraten in den letzten Jahren nur sehr schwach. Die Bundesdeutschen filtern ihren Kaffee lieber.
Der Einstieg in den deutschen Röstkaffeemarkt gelang 1981 durch den Aufkauf der Firma Kaffee HAG. Für 190 Mio. DM verkauften die Erben des

(35) "Kaffee & Tee-Markt", Heft XXXIII/4 vom 21. Februar 1983. Seite 11
(36) "Kaffee & Tee-Markt", Heft XXXIII/4 vom 21. Februar 1983. Seite 11
(37) "Kaffee & Tee-Markt", Heft XXXII/16 vom 20. August 1982. Seite 13
(38) "Kaffee & Tee-Markt", Heft XXXII/16 vom 20. August 1982. Seite 13
(39) "Kaffee & Tee-Markt", Heft XXXI/14 vom 20. Juli 1981. Seite 2
(40) "Kaffee & Tee-Markt", Heft XXIX/19 vom 5. Oktober 1979. Seite 3
(41) "Kaffee & Tee-Markt", Heft XXIX/19 vom 5. Oktober 1979. Seite 3

Firmengründers die Firma (1978: 8 Prozent Marktanteil, 1.750 Beschäftigte), die mit einigen Produkten (Kaffee HAG, Onko, Kaba) eine feste Position auf dem deutschen Markt hat.
Nach der Übernahme von HAG wurden die anderen deutschen Tochterfirmen von General Foods (General Foods Elmshorn — Produkte: Cefrisch, Schlag-Fit, Reis-Fit, Quench) mit der Kaffeefirma zu einer General-Foods-Tochter zusammengeschlossen.
Verwaltung und Vertrieb wurden rationalisiert, das heißt: 660 Arbeitnehmer wurden mit einem Sozialplan entlassen.
Damit setzt General Foods seine Expansion weltweit fort. Kaffee ist dabei die profitträchtigste Sparte des Konzerns.

"Gewinne in fünf Jahren verdoppelt
In einer Stellungnahme zur Jahresversammlung des Unternehmens weist Barzelay die Annahme, daß die Einnahmen im Kaffeegeschäft rückläufig seien, als falsch zurück. Vielmehr haben sich nach seinen Angaben die Gewinne in den fünf Jahren seit 1975 verdoppelt. Freilich sei dabei im Hinblick auf die unbeständige Natur des Rohkaffeemarktes kein stetiger und reibungsloser Anstieg zu verzeichnen gewesen. Die Gesellschaft will auch im Fiskaljahr 1981 Fortschritte bei den Einnahmen machen." (42)

Vorteil für General Foods ist die breite Streuung der Produktpalette. So können neue Produkte im Lebensmittelbereich beispielsweise über die Restaurantketten auf dem Markt eingeführt werden.

"General Foods USA profitiert von Belebung des Kaffeegeschäfts
Der mit Abstand wichtigste Faktor im Geschäft der General Foods Corp. war in dem am 31. März beendeten Geschäftsjahr eindeutig die Belebung im Kaffeeabsatz, die Hand in Hand mit den sinkenden Rohkaffeepreisen ging. Die Gesellschaft verdiente im Berichtsjahr 232 (170) Mio. Dollar oder 4,65 (3,40) Dollar je Aktie, was einer Steigerung um 37 Prozent entspricht. Der Umsatz wuchs hingegen nur um 1,8 Prozent auf 5,47 (5,37) Mrd. Dollar, da die volumenmäßige Absatzsteigerung von Kaffee durch die rückläufigen Preise wettgemacht wurde. Das Nahrungsmittelgeschäft der General Foods zeigte umsatzmäßig mit 2,6 (2,5) Mrd. Dollar kaum eine Veränderung. Der Betriebsgewinn ging in dieser Geschäftssparte auf 298 (332) Mio. Dollar zurück. Dagegen stieg der Betriebsgewinn in der Kaffeedivision von dem gedrückten Niveau des Vorjahres (17 Mio. Dollar) explosionsartig auf 150 Mio. Dollar. Vor zwei Jahren hatte die General Foods in einem relativ normalen Kaffeejahr 116 Dollar verdient. Das Kaffeeumsatzvolumen erreichte in den vergangenen zwölf Monaten 2,122 (2,145 Mrd. Dollar). Die Gewinnsteigerung wird mit einer Rückkehr zu normaleren Ertragsmargen und der Absatzsteigerung im Kaffeesektor begründet. Der Gewinnrückgang bei sonstigen Nahrungsmitteln war auf Neuinvestitionen sowie den Inflationsdruck auf die Verbraucher zurückzuführen. Die übrigen Geschäftssparten der General Foods (Restaurants, Industrieerzeugnisse, Gartenartikel, Saaten) zeigten einen Umsatzrückgang auf 738 (757) Mio. Dollar, während der Betriebsgewinn auf 46,6 (43,2) Mio. Dollar wuchs. In den USA setzte die General Foods 4 (3,99) Mrd. Dollar um und wies einen Betriebsgewinn von 440 (364) Mio. Dollar aus. Das Nettoumsatzvolumen der General Foods International (Kanada, Europa, Lateinamerika und pazifischer Raum) stieg leicht auf 1,42 (1,398) Mrd. Dollar. Der Betriebsgewinn konnte mit 54,2 (27,8) Mio. Dollar gegenüber dem Vorjahr verdoppelt werden. Im Fiskaljahr 1978 war der Gewinn aufgrund des stark rückläufigen Kaffeeabsatzes außerhalb der USA massiv zurückgegangen. Wechselkursveränderungen machten sich im Berichtsjahr mit 1,22 (2,75) Mio. Dollar oder 2 (6) Cents je Aktie negativ bemerkbar.
Die weltweiten Marketing-, allgemeinen und Verwaltungsausgaben wuchsen um 12,8 Prozent auf 1,66 Mrd. Dollar, da die General Foods ihre Ausgaben für Forschung und Entwicklung, für Werbung und für die Neueinführung von Firmenprodukten verstärkte." (43)

(42) *"Kaffee & Tee-Markt", Heft XXX/15 vom 5. August 1980. Seite 2*
(43) *"Kaffee & Tee-Markt", Heft XXIX/14 vom 20. Juli 1979. Seite 23 ff*

Bundesrepublik Deutschland: Netto-Einfuhren (nicht-entkoffeinierter Rohkaffee) 1983 und 1982/81

Herkunftsland	Januar 1983	Februar 1983	März 1983	April 1983	Mai 1983	Juni 1983
Kolumbien	193.562	217.640	228.512	257.049	201.980	149.766
Brasilien	121.041	78.413	82.309	121.082	90.672	74.899
El Salvador	30.979	58.664	67.066	125.167	58.840	69.819
Kenia	27.209	34.563	28.165	40.111	26.671	29.968
Tansania	28.704	29.010	20.292	30.098	17.056	36.060
Äthiopien	18.002	15.708	26.468	16.029	21.423	30.881
Kamerun	7.395	27.190	5.919	17.584	19.192	19.545
Papua Neuguinea	13.851	10.805	8.663	10.268	6.171	8.639
Burundi	4.054	7.680	17.778	15.545	18.709	22.010
Costa Rica	18.105	12.260	15.993	21.288	19.408	22.660
Guatemala	9.152	19.692	12.698	17.081	22.991	22.976
Nikaragua	6.489	15.580	17.483	21.623	16.564	17.907
Rwanda	3.116	10.138	84	5.207	11.094	9.411
Uganda	20.451	9.537	13.007	9.080	5.537	9.005
Zaire	7.647	5.405	7.465	6.139	9.977	5.682
Indonesien	8.658	8.133	9.140	7.979	3.278	6.096
Honduras	2.274	3.539	4.376	7.945	4.771	8.065
Mexiko	2.284	1.266	1.217	1.746	2.635	2.251
Indien	3.690	1.270	254	799	1.449	1.840
Elfenbeinküste	2.668	2.205	3.782	1.418	2.519	8.250
Philippinen	1.664	835	6.369	8.855	3.400	1.374
Liberia	730	1.148	2.196	821	1.667	1.648
Togo	911	1.566	729	922	1.804	2.445
Simbabwe	3.268	1.550	2.399	106	5	453
Zentral Afr. Rep.	1.209	555	1.762	701	283	573
Sri Lanka	833	667	1.441	817	871	802
Madagaskar	109	205	418	199	449	215
Malawi	369	1.164	183	481	83	173
Benin	—	—	—	—	—	—
Peru	504	956	311	1.062	911	393
Haiti	406	2	17	35	41	2.672
Ekuador	18	83	2	645	817	190
Panama	—	—	1	477	1.485	1.273
Guyana	—	—	2.169	124	—	—
Nigeria	142	566	665	376	—	—
Thailand	—	—	—	1.226	—	—
China	39	—	—	—	834	833
Guinea	7	12	—	399	47	—
Malaysia	4	—	—	90	945	454
Kuba	—	—	—	—	—	—
Bolivien	151	22	6	43	250	6
Mozambique	84	20	102	10	35	267
Singapur	—	65	—	583	—	—
Argentinien	3	—	—	244	—	—
Rep. Südafrika	87	—	25	60	—	—
Fiji	—	53	—	—	—	—
Australien	—	6	2	50	—	—
Ghana	—	2	15	—	—	—
Paraguay	6	—	3	4	—	—
Kongo	—	5	—	—	—	—
Angola	—	—	—	—	—	—
Chile	—	—	—	—	4	—
Kanada	—	—	—	2	—	—
USA	—	—	—	1	1	—
Somalia	—	—	—	—	2	—
Sierra Leone	1	—	—	—	—	—
übrige	—	—	—	—	—	—
Gesamt	**539.876**	**578.180**	**589.486**	**751.571**	**574.871**	**569.501**

(in Sack zu 60 kg)

Juli 1983	August 1983	September 1983	Oktober 1983	November 1983	Dezember 1983	Jahr 1983	Jahr 1982	Jahr 1981
239.362	173.783	230.666	259.493	222.397	264.194	2.638.404	2.722.880	2.740.312
88.728	61.218	91.970	84.995	102.988	103.391	1.101.706	1.103.867	690.263
65.181	47.843	90.381	58.314	57.648	54.427	784.329	690.447	1.109.636
47.091	34.884	49.339	36.900	43.130	61.773	459.804	413.368	429.151
26.449	20.588	40.171	12.300	17.902	24.916	303.546	311.770	371.429
27.646	33.263	18.965	19.132	25.011	35.160	287.688	219.811	133.832
20.771	6.102	22.906	25.196	31.702	22.334	225.836	265.550	272.340
13.623	12.448	34.814	32.465	30.617	30.934	213.298	175.502	236.195
19.365	10.391	23.178	20.066	26.984	20.691	206.451	132.710	61.018
22.649	2.062	12.750	7.984	9.190	9.793	174.142	238.425	273.714
14.967	6.145	7.845	8.074	11.502	10.820	163.943	240.264	311.430
22.287	4.929	8.466	6.157	9.955	13.355	160.795	144.571	160.078
11.373	3.868	12.865	14.213	21.701	23.163	126.233	76.367	58.555
4.469	2.975	6.998	6.669	18.256	17.253	123.237	110.603	49.678
5.689	4.390	5.283	7.185	9.353	6.704	80.919	73.362	60.506
8.590	3.319	8.517	2.458	4.594	4.309	75.071	79.405	82.137
3.418	2.171	9.493	3.589	2.259	2.128	54.028	94.902	118.948
1.783	1.210	1.492	8.219	2.463	4.338	30.904	51.855	66.853
2.158	3.162	5.326	2.393	4.263	2.344	28.948	45.202	46.552
506	741	850	682	800	4.045	28.466	55.091	32.984
1.415	51	115	906	666	484	26.134	2.778	9.318
1.610	983	1.640	2.329	1.180	1.444	17.396	16.642	3.903
2.702	85	1.512	804	1.305	20	14.805	38.771	44.541
35	—	402	—	251	6.173	14.642	9.382	3.460
127	73	462	213	901	964	7.823	23.252	260
1.005	100	142	—	—	466	7.144	9.314	6.341
210	31	501	451	1.096	2.640	6.524	9.318	4.889
528	46	425	464	845	692	5.453	6.684	1.763
—	—	—	—	—	5.342	5.342	8.017	1.792
113	5	10	83	55	224	4.627	4.544	1.310
352	250	199	—	202	111	4.287	2.528	4.924
64	—	2	14	320	1.557	3.712	17.769	45.681
—	—	—	100	—	—	3.336	2.782	3.218
—	—	—	—	—	—	2.293	—	—
—	5	386	—	24	—	2.164	6.743	316
65	234	154	110	—	—	1.789	—	—
—	—	—	—	—	—	1.706	515	—
—	426	430	165	100	11	1.597	1.692	217
53	4	4	3	—	—	1.557	—	—
—	10	99	767	255	5	1.136	—	439
154	21	49	6	187	164	1.059	8.853	2.270
22	122	37	12	112	211	1.034	211	—
15	—	2	—	—	—	665	100	—
—	—	—	—	—	—	247	309	—
—	—	—	—	—	—	172	—	—
24	—	—	—	—	—	77	—	—
2	—	—	—	—	—	60	2	268
—	—	—	—	—	—	17	4.003	1.254
—	—	—	—	—	—	13	820	218
—	—	—	—	—	—	5	20	3
—	—	—	—	—	5	5	2.138	—
—	—	—	—	—	—	4	—	—
—	—	—	—	—	—	2	—	—
—	—	—	—	—	—	2	3	218
—	—	—	—	—	—	2	—	—
—	—	—	—	—	—	1	769	7.045
—	—	—	—	—	—	—	4.260	—
654.601	**437.938**	**688.846**	**622.911**	**660.214**	**736.585**	**7.404.580**	**7.428.171**	**7.449.259**

Anmerkung: Unter den Netto-Einfuhren sind die in den freien Verkehr des deutschen Zollgebiets eingeführten Rohkaffeemengen zu verstehen, das heißt: Von den Gesamteinfuhren sind die Mengen, die zum Zwecke der Veredelung vorübergehend importiert wurden, abzogen worden. (44)

44) Angaben nach: Statistisches Bundesamt, Außenhandelsstatistik

Europa: Einfuhren (Rohkaffee) 1980-1983

(in Tonnen und in Sack zu 60 kg)

Einfuhrländer	1980 in t	1980 in Sack	1981 in t	1981 in Sack	1982 in t	1982 in Sack	1983 in t	1983 in Sack
Österreich	41,218	686,967	43,163	719,387	51,899	864,817	61,875	1,031,243
Belgien/Luxemburg	85,786	1,429,770	96,117	1,601,953	87,162	1,452,693	83,039	1,383,980
Dänemark	56,815	946,917	62,959	1,049,311	54,831	913,842	49,189	818,648
Bundesrepublik Deutschland	417,984	6,966,405	449,019	7,483,649	445,690	7,428,171	444,275	7,404,580
Finnland	67,356	1,122,594	61,003	1,016,710	64,395	1,073,251	63,021	1,050,357
Frankreich	310,241	5,170,678	303,810	5,063,500	314,890	5,248,163	316,809	5,280,150
Griechenland	20,863	347,717	20,091	334,850	19,915	331,917	21,000*)	350,000*)
Irland	420	7,000	480	8,000	641	10,683	720*)	12,000*)
Italien	219,905	3,665,089	225,249	3,754,157	245,864	4,097,735	246,154	4,102,566
Niederlande	134,155	2,235,914	145,071	2,417,854	129,343	2,155,709	137,645	2,294,079
Norwegen	38,368	639,461	39,587	659,777	39,077	651,297	41,180	686,340
Portugal	11,219	186,991	13,343	222,385	14,580	243,000	17,700	295,000
Spanien	149,608	2,493,467	113,589	1,893,150	113,331	1,888,850	136,500	2,275,000
Schweden	91,323	1,522,044	100,364	1,672,733	94,153	1,569,217	93,405	1,556,750
Schweiz	59,770	996,321	63,028	1,050,467	57,096	951,597	59,768	996,138
Großbritannien	71,873	1,197,876	92,164	1,536,068	90,219	1,503,657	93,950	1,565,830
Sonstige*	4,080	68,000	4,000	66,667	3,000	50,000	3,000	50,000
West-Europa	1,780,984	29,683,211	1,833,037	30,550,618	1,826,346	30,439,100	1,869,230	31,153,841
Bulgarien	3,037	50,600	4,612	76,867	2,637	43,950		
Tschechoslowakei	25,800	430,000	27,191	453,183	26,228	437,133		
Deutsche Dem. Rep.	54,200	903,000	55,525	925,417	88,500	1,475,000		
Ungarn	47,500	792,000	34,486	574,767	34,593	576,550		
Polen	37,000	617,000	27,640	460,667	18,970	316,167		
Rumänien	11,500	192,000	10,000	166,667	9,500	158,333		
Sowjetunion	49,400	823,000	42,344	705,733	49,462	824,367		
Jugoslawien	49,300	822,000	45,196	753,267	23,862	397,700		
Ost-Europa	277,737	4,629,600	246,994	4,116,568	253,752	4,229,200	270,000*)	4,500,000*)
Europa, ingesamt	2,058,721	34,312,811	2,080,031	34,667,186	2,080,098	34,668,300	2,139,230*)	35,653,841*)

* Schätzung

** Die Einfuhrzahlen beziehen sich auf die Importe von nicht-entkoff. Rohkaffee. Für einige Länder gelten Ausnahmen.

(45)

Die Profite

Es zeigt sich, daß die bundesdeutschen und internationalen Kaffeekonzerne — bzw. die Großunternehmungen, die mit dem Rösten und Vertreiben des Kaffees ihr Geld verdienen — sehr respektable Gewinne erzielen. Zugleich belegen die zitierten Zahlen, daß diese Konzerne vom Ausmaß der Schwankungen der Weltmarktpreise für Kaffee in wesentlich geringerem Maße betroffen sind als die Erzeugerländer und erst recht als die Produzenten. Während sinkende Kaffeepreise in vielen Ländern der Dritten Welt häufig zu extremen wirtschaftlichen und sozialen Notlagen, zu direkter Not und sogar Hunger führen, gelingt es den Kaffeekonzernen der Industrieländer nicht nur, daraus Kapital zu schlagen, sondern nicht selten erreichen sie aufgrund ihrer starken Marktmacht sowohl beim Aufkauf des Rohkaffees als auch beim Verkauf des gerösteten Fertigprodukts sogar bei steigenden Rohstoffpreisen eine Verbesserung ihrer Profitsituation.

Die reichlichen Profite dieser Konzerne stammen aus drei Quellen: aus der Arbeitskraft der Beschäftigten, aus den Taschen der Konsumenten in Europa und Nordamerika und aus der Ausbeutung der Kleinbauern und Landarbeiter in den Kaffee produzierenden Ländern der Dritten Welt.

(45) "Kaffee & Tee-Markt", He[illegible] XXXIV/15 vom 6. Augu[illegible] 1984. Seite 5

Löslicher Kaffee: Vermarktung und Abhängigkeit

Ein besonders gutes Beispiel, wie die Vermarktung in den Industrieländern zu einem zentralen Mechanismus der Aufrechterhaltung einer strukturellen Abhängigkeit der Länder der Dritten Welt führen kann, bildet der lösliche Kaffee, im allgemeinen Instantkaffee genannt.

Hier zeigt sich die Konzentration der Anbieter noch deutlicher. Traditionelle kleine Röstkaffeeverarbeiter haben keine Chance. Die Hälfte des Marktes in der Bundesrepublik belegt Nestlé, dessen Produkt "Nescafé" inzwischen zum umgangssprachlichen Ausdruck für löslichen Kaffee geworden ist. General Foods mit Maxwell-Cafe und Jacobs mit Cronat teilen sich zu gleichen Teilen fast die gesamte andere Hälfte des Schnellkaffeemarktes.

Entwickelt wurde der Instantkaffee für den Absatz in den Industrieländern von Nestlé. Dabei kamen dem Multi die eigenen Erfahrungen bei der Milchpulverherstellung, die nach einem ähnlichen Verfahren durchgeführt wird, zugute. Der wesentliche Impuls für die Ausbreitung des Konsums und der Produktion des Pulverkaffees waren die Aufträge, die die Firma Nestlé zur Versorgung der amerikanischen Truppen mit löslichem Kaffee während des Zweiten Weltkrieges erhielt. Der Konsum wurde damit stark erweitert. Nestlé ist auch heute noch absoluter Spitzenreiter, was die Produktion von löslichem Kaffee angeht.

In der Europäischen Gemeinschaft wird der Import von Pulverkaffee aus Produktionsländern mengenmäßig über einen höheren Importzoll beschränkt. Trotzdem ist zum Beispiel der brasilianische Pulverkaffee noch relativ billig zu haben. Der weltweit angebotene, subventionierte und daher billige Kaffee-Extrakt aus Brasilien gab 1979 erneut Anlaß zur Kritik. Die europäischen Hersteller von löslichem Kaffee warfen Brasilien vor, durch Dumpingpreise einen unfairen Wettbewerb zu führen. Brasilien würde seinen löslichen Kaffee zu Preisen anbieten, die unter den Anschaffungskosten für den Rohstoff in Europa lägen. Dies führte dazu, daß schon mehrere vorhandene moderne Anlagen zur Herstellung von Extrakt-Kaffee in Europa stillgelegt wurden. Der These, wonach im Rahmen der internationalen Arbeitsteilung einige industrielle Verarbeitungsanlagen in die rohstoffproduzierenden Länder zu verlagern seien und der Herstellungsprozeß für löslichen Kaffee dafür ein typisches Beispiel sei, wurde von den Europäern nicht zugestimmt.

Neben diesen Zollschranken und dem politischen Druck auf die Entwicklungsländer, die Kaffee weiterverarbeiten, verhindert die technische Entwicklung der Instantkaffeeherstellung eine Ausweitung des Absatzes für importierten löslichen Kaffee. Diese Technologie liegt ausschließlich in den Händen der marktführenden Firmen (Nestlé oder General Foods), die die Anwendung dieser Technologien in den Entwicklungsländern verhindern. Dadurch sind Länder wie Tanzania gezwungen, löslichen Kaffee in schlechterer, schwer verkäuflicher Qualität anzubieten.

Neue Produktformen und Werbetechniken haben dazu beigetragen, daß Nestlé auch heute noch absoluter Spitzenreiter ist, was die Produktion von löslichem Kaffee angeht. Der Übergang von sprühgetrocknetem zu gefriergetrocknetem Kaffee-Extrakt brachte die Entwicklungsländer, die Kaffee-Extrakt exportieren, stark ins Hintertreffen. Die Kaffee-Extraktanteile von Nestlé in den größten Konsumländern Europas liegen teilweise um 50 bis 60 Prozent des Marktes.

Sämtliche Vertriebsnetze in Europa und den USA werden von den Kaffeefirmen dominiert. Dadurch ist es für den löslichen Kaffee aus Entwicklungsländern fast unmöglich, hier Absatzmärkte zu finden. Die einzige Möglichkeit des Absatzes ist durch einen niedrigen Preis gegeben. Und gerade dies wird durch Zölle und Drohungen mit Dumpingklagen verhindert.

Die Geschichte des brasilianischen Pulverkaffees

Als einziges Entwicklungsland hat es Brasilien in den 60er Jahren geschafft, eine eigene Kaffeeindustrie aufzubauen. Brasilien verhielt sich gegenüber ausländischen Investitionen sehr einladend. Westliche Kaffeegesellschaften wurden ermutigt, ins Land zu kommen und Verarbeitungsanlagen zu errichten. Es waren jedoch keine amerikanischen Firmen beteiligt; nur die Schweizer Firma Nestlé ergriff diese Gelegenheit. So wurden zehn Fabriken zur Pulverkaffeeherstellung errichtet, die jährlich etwa 2 Millionen Sack Rohkaffee verarbeiten können. Rund 10 Prozent der brasilianischen Kaffee-Ernte werden heute im eigenen Land weiterverarbeitet. Niedrige Herstellungskosten und eigene Kaffeerohstoffe ermöglichten einen niedrigen Preis.

So wurden die USA von einem bedeutenden Exportland für Pulverkaffee zu einem Importeur von brasilianischem Kaffee, der 1967 rund 14 Prozent des nordamerikanischen Kaffeemarktes erobert hatte. Ein Teil der amerikanischen Unternehmen schloß sich dieser Entwicklung an. So hatte die Hill Brothers Company ihre eigene Fabrik in den Staaten, importierte brasilianischen Pulverkaffee, um ihn anschließend unter eigenem Namen auf den Markt zu bringen. Der Erfolg des Kaffees lag im niedrigen Preis. Neben den günstigen Rohstoffen und den niedrigen Herstellungskosten verzichtete die brasilianische Regierung zur Förderung ihrer Industrie auf Exportzölle für Pulverkaffee — ganz im Gegensatz zu Rohkaffee, der mit hohen Ausfuhrzöllen belegt war. So hatte die brasilianische Pulverkaffee-Industrie erheblich bessere Voraussetzungen als die weiterverarbeitende Industrie in den USA.

Es wirft ein Schlaglicht darauf, wie die Industrieländer versuchen, ihre eigenen verarbeitenden Industrien zu schützen und somit eine Industrialisierung in vielen Entwicklungsländern zu verhindern. General Foods, Marktführer in den USA, sah seine Marktposition durch den billigen brasilianischen Pulverkaffee bedroht. Man sprach von "unlauterem Wettbewerb", da am Export des Pulverkaffees aus Brasilien keine nordamerikanischen Tochterfirmen beteiligt waren. General Foods übte zusammen mit anderen Kaffeefirmen einen beträchtlichen Druck auf die Regierung in den Vereinigten Staaten aus. Die Regierung sollte keine neuen Kaffeeabkommen abschließen, solange der brasilianische Pulverkaffee zu diesen "unfairen wettbewerbsverzerrenden Bedingungen" auf dem nordamerikanischen Kontinent angeboten wird.

Unter dem Druck akzeptierte Brasilien 1969 eine demütigende Maßnahme: Brasilien erhob eine Exportsteuer von 14 bis 15 Prozent auf Pulverkaffee. Der Kaffee wurde damit so hoch besteuert, daß die Absatzchancen stark sanken. Der zweite Schritt war das "Ersuchen" der amerikanischen Regierung 1971 an Brasilien, genau die Menge an Rohkaffee ohne Exportzoll zu liefern, die notwendig ist, um die Menge an Pulverkaffee herzustellen, die Brasilien jährlich an die USA liefert. 1971 lieferte Brasilien 560.000 Sack Kaffeebohnen exportsteuerfrei. Diese Menge wurde der nordamerikanischen Pulverkaffee-Industrie nach der Höhe der Produktion zugeteilt. 10 Mio. Dollar waren die Kosteneinsparung, wovon General Foods etwa die Hälfte erhielt.

Großer Verlierer war Brasilien, das diesen "Rabatt" auf politischen Druck hin den nordamerikanischen Kaffeefirmen gewähren mußte. Zur Ausübung dieses politischen Drucks auf Brasilien reichte die Nachfrage-Macht der USA und die damit verbundene starke Position im Internationalen Kaffeeabkommen aus. Zu Zeiten sinkender Kaffeepreise zu Beginn der 70er Jahre reichte die Drohung der USA, aus dem Kaffeeabkommen auszutreten, um Brasilien unter Druck zu setzen. Denn ohne die Vereinigten Staaten ist kein Kaffeeabkommen möglich.

Die Geschichte des tanzanischen Pulverkaffees

Tanzania machte die Erfahrung, daß ein armes Kaffee-Erzeugerland, selbst wenn es versucht, in

der Politik einen eigenen Weg zu gehen, vollständig in den Händen der multinationalen Konzerne landet, denn diese kontrollieren den Kaffeeweltmarkt.
1963, kurz nach der Unabhängigkeitserklärung, errichtete die tanzanische Regierung eine Fabrik zur Kaffeeverarbeitung, da Kaffee das Hauptexportgut darstellte. Es ist die einzige Pulverkaffeefabrik in ganz Ost- und Zentralafrika. Ihre kurze Geschichte ist voller Probleme.
Die Tanzanier sahen von Anfang an ein, daß ihnen keine andere Wahl blieb, als den Multinationalen ihre Sachkenntnisse abzukaufen, um damit eine eigene kleine Fabrik in Bukoba aufzubauen. Tanzania ist natürlich lebhaft an der Herstellung und am Verkauf von Pulverkaffee interessiert, aber die Technologie und den Zugang zu den Absatzmärkten besitzen die westlichen Nationen. Die Fabrik wurde von einer deutschen Firma errichtet. Doch als die Anlage 1966 fertig war, zeigte sich, daß sie völlig veraltet war. "Da wir in dieser Beziehung keine Erfahrung hatten, waren wir kaum in der Lage, das vorher festzustellen", sagte ein tanzanischer Beamter dazu. Bis 1970 konnte kein Pulverkaffee produziert werden, weil die Sprühtrockner "einfach nicht funktionierten". Dann mußte eine andere Firma mit umfangreichen Änderungen beauftragt werden, aber auf Grund von Verzögerungen mußte man weitere Verluste hinnehmen. So hinderten "technische Schwierigkeiten" die Fabrik bis 1972 daran, auch nur den geringsten Profit zu machen. Alle Gewinne wurden sofort von den Verlusten der letzten neun Jahre verschlungen. Wegen der ungenügenden Qualität der Ausrüstung und mangelndem Management bat man Nestlé, die Geschäftsführung, die Vermarktung und die Ausbildung zu übernehmen.
Doch die Hilfestellung von Nestlé ist teuer. Im Jahr 1973 waren die Kosten für die zwei Nestlé-Manager höher als die Kosten für alle 80 tanzanischen Arbeiter zusammen. Lapidar heißt es dazu in einem Bericht: Nestlé verdient mehr Geld an der Fabrik als Tanzania. Und Tanzanias Landwirtschaftsminister: "Es kann nicht die Rede davon sein, daß wir darüber begeistert sind, aber wir haben keine Alternative."
Bis 1976 hatte die Tanica-Fabrik zwei Hauptabnehmer. Ein Teil des Kaffees wurde überwiegend von Kenna (von Broke Blond abhängige Firma) im Inland vermarktet. Die milde Mischung wurde von Nestlé auf dem ganzen ostafrikanischen Markt unter dem Namen Nescafé kommerzialisiert, davon der größte Teil in Kenia.
Nach dem politischen Zusammenbruch der Ostafrikanischen Wirtschaftsgemeinschaft 1977 ist Tanzania gezwungen, für 60 Prozent der Produktion neue Märkte in Afrika und Europa zu erschließen.
Dies ist besonders in Europa schwierig, da neben der Marktmacht der europäischen Firmen gefriergetrockneter Kaffee hergestellt wird. Tanzania bietet damit Kaffee an, der in einem technisch überholten Produktionsverfahren hergestellt wird.

Kaffee: Reagieren

Kaffee-Boykottaktion

1981 führten bundesdeutsche El Salvador-Komitees, entwicklungspolitische Aktionsgruppen und andere Personen und Organisationen eine bundesweite "Boykottaktion" gegen die Kaffeekonzerne durch.
Diese Aktion zielte weniger darauf, den Kaffeeverbrauch in der Bundesrepublik oder den Umsatz der Kaffeehändler zu verringern, sondern vor allem auf eine Aufklärung der Öffentlichkeit über die Verhältnisse in Mittelamerika, über die Abhängigkeiten der Entwicklungsländer, sowie darauf, den "alternativen" Kaffeehandel bekannter zu machen und zu stärken.

Die vielfältigen, aus dieser auf drei Tage begrenzten Kampagne resultierenden einzelnen Aktionen waren von unterschiedlicher Bedeutung und von unterschiedlichem Erfolg. Die gesamte Aktion wurde dezentral in den einzelnen Städten durchgeführt, daher ist die Vermittlung eines Gesamtüberblicks schwer möglich. Sinnvoller ist es, ein Beispiel der Durchführung des Kaffeeboykottes darzustellen, um so einen allgemeinen Eindruck zu vermitteln.

Beispiel Köln

Die für den 1. bis 3. Juni 1981 geplante Aktion wurde durch folgende Maßnahmen vorbereitet:

"1. Vorbereitung
Ankündigung in den drei linken Stadtzeitungen; direktes Anschreiben von politischen Organisationen, Dritte Welt Gruppen; Ankündigung auf Veranstaltungen: El Salvador-Veranstaltung 26. März: Aufforderung an Leute, die sich für die Aktion interessieren, sich während der Veranstaltung zusammenzusetzen; trotz parallel laufender Veranstaltung (Musikgruppe und Film!) kamen ca. 50 Leute, Vorstellung und Diskussion der Aktion, Adressenliste. Bettina Wegner-Konzert 7. April: Vorstellung der Aktion, Verkauf von Kaffee nach dem Konzert, Adressenliste.
Rundschreiben an Dritte Welt Läden, Bioläden, Buchläden, wer bereit ist, Nicaragua-Kaffee zu verkaufen. Diskussion unter/mit den Kölner Bioläden; einige sind grundsätzlich nicht bereit, Kaffee zu verkaufen (Kaffee = Aufputschmittel, machen keine politischen Aktionen...). Andere beteiligen sich an der Aktion. Kurzer Artikel darüber im 'Volksblatt'.
Kontakt mit Dritte Welt Laden Köln-Niehl, die sich bereit erklären, die Regionalstelle zu übernehmen; ab jetzt gemeinsame Planung und Durchführung der Aktion für Köln und Umgebung.
Vier Vorbereitungstreffen im Dritte Welt Laden: (Einladung jeweils an alle, die sich bisher in die Listen eingetragen haben und Ankündigung in den Stadtzeitungen)
3. Mai: Vorstellung der Aktion/Diskussion; ca. 70 Leute, darunter auch mehrere Gruppen außerhalb von Köln. Einteilung in Standgruppen.
12. Mai: kleines organisatorisches Vorbereitungstreffen mit Vertretern der einzelnen Standgruppen (Genehmigungen, Material etc.).
20. Mai: inhaltliche Vorbereitung: Dia-Serie, Guatemala-Film, Diskussion.
26. Mai: Verteilung der Materialien (Kaffee, Informationsmaterial zu Mittelamerika, Jute-Taschen...)" (1)

Zur Aktion selbst:

"2. Aktionstage
Zwölf Informationsstände mit Schwerpunkt Innenstadt; Stände von den jeweiligen Gruppen selbst vorbereitet und organisiert (außer Materialbeschaffung). Auch die Anmeldung beim Ordnungsamt war dezentral gemacht worden, was allerdings vorübergehend zu Schwierigkeiten führte (Ordnungsamt fühlte sich offensichtlich übergangen, mehrere Stände direkt vor Kaffeeläden wurden nicht genehmigt, Schwierigkeiten mit dem Kaffeeverkauf; Stände sollten dafür Sammelgenehmigung (!) beantragen).
Die meisten Stände wurden von festen Gruppen getragen: Terre des Hommes, Dritte Welt Läden, Sozialistisches Büro, Basisgruppen, El Salvador-

(1) Dritte Welt Laden Köln-Niehl, Informationen zum Kaffee-Boykott. Köln 1981

Der zentrale Aufruf zu der Aktion hatte folgenden Text:

Aufruf:
Boykottiert die Kaffeekonzerne

Solidarität mit dem Befreiungskampf von El Salvador und Guatemala!
Unterstützt den Aufbau eines freien Landes in Nicaragua!

Wir alle trinken Kaffee. Diejenigen, die ihn anbauen, können sich selbst keinen Kaffee leisten. Die Kleinbauern und Landarbeiter in Mittelamerika arbeiten hart (die Kaffee-Ernte ist eine extrem mühselige Arbeit), und sie arbeiten für Hungerlöhne.

El Salvador ist das klassische Kaffee-Exportland. Mehr als 60 Prozent seiner Ausfuhrerlöse verdient es durch den Export von Kaffee. Auch für Guatemala ist der Kaffee das wichtigste Exportgut. Diese einseitige Orientierung auf den Anbau von Kaffee war für die zentralamerikanischen Länder nur mit Nachteilen verbunden: Monokultur, Rückgang der Anbauflächen für Grundnahrungsmittel, strukturelle Unterentwicklung...

Die Profitraten im internationalen Kaffeegeschäft sind dagegen überdurchschnittlich hoch: Zwischenhändler und Großgrundbesitzer in den Erzeugerländern, der Staat über Steuern und Zölle und die großen Kaffeekonzerne sind die Nutznießer dieser Ordnung, die auf den niedrigen Einkaufspreisen für Kaffee basiert.

Auf der anderen Seite steht die permanente Verschlechterung der Lebensbedingungen der Landbevölkerung. Jeder Versuch, sich zur Wehr zu setzen, wird von den Großgrundbesitzern und den Militärs rücksichtslos niedergeschlagen, die sich der uneingeschränkten materiellen und ideologischen Unterstützung von seiten der USA seit der Wahl Reagans wieder sicher sein können.

Der Großteil des mittelamerikanischen Kaffees, insbesondere aus El Salvador und Guatemala, wird in die Bundesrepublik ausgeführt. Für die Bundesrepublik ist Mittelamerika zweitwichtigste Herkunftsregion für Kaffee.

Mit dieser Kampagne soll am Beispiel Kaffee Bewußtsein geschaffen werden für die Widersprüche, die dazu führen, daß für uns Kaffee zum selbstverständlichen Luxusartikel geworden ist, während die, die ihn anbauen, sich ihn selbst nicht leisten können. Gezeigt werden soll der soziale Charakter der Befreiungsbewegungen in Mittelamerika. Wir wollen grundsätzliches Verständnis dafür schaffen, daß die sehr radikale Volksbewegung in El Salvador aus gerade diesen radikalen Ungerechtigkeiten erwächst.

Deshalb rufen wir für den 1./2./3. Juni zu einer bundesweiten Kaffee-Boykottaktion auf. Wir stellen uns vor, daß vor möglichst vielen Kaffeeverkaufsstellen an diesen Tagen Aktionen laufen: Flugblätter, Infostände, Sketche...

Gleichzeitig wollen wir mit dieser Kampagne auf die Möglichkeit hinweisen, durch den Kauf von Nicaragua-Kaffee (importiert über die GEPA, Wuppertal) auch den Aufbau eines freien Landes zu unterstützen. Die Versuche nehmen zu, Nicaragua durch ökonomischen und politischen Druck in die Knie zu zwingen und den Befreiungsprozeß in Mittelamerika zu stoppen. Nicaragua hat gesiegt, aber es braucht heute mehr denn je unsere Hilfe.

Informationsstelle El Salvador, München; Informationsstelle Guatemala, München; Informationsbüro Nicaragua, Wuppertal; Medico International, Frankfurt; Bundeskongreß der entwicklungspolitischen Aktionsgruppen, Hamburg; Evangelische Studentengemeinde in der Bundesrepublik und Berlin (West); Arbeitsgemeinschaft der katholischen Hochschul- und Studentengemeinden, Bonn; Christliche Initiative El Salvador, Münster; Kinderhilfe Lateinamerika, Köln.

Gruppe, Kinderhilfe, Souterrain, Lateinamerika-Schülergruppe; außerdem gab es freie Gruppen, die sich nur für die Aktion zusammengetan hatten. Während der Aktion gab es an den ersten beiden Abenden Treffen zum Informationsaustausch über den Verlauf der Aktion.
Eine Woche später hatten wir zu einem Nachbereitungstreffen eingeladen, zu dem aber nur Vertreter von sieben Ständen kamen. Die Einschätzung der einzelnen Gruppen war ziemlich unterschiedlich, insgesamt aber überwiegend positiv. Vor allem Leute, die zum ersten Mal einen Infostand gemacht hatten, waren von der Reaktion auf der Straße enttäuscht. Das Flugblatt scheint trotz des üblichen Desinteresses recht gut angekommen zu sein, wurde allerdings auch oft zunächst mit Reklame verwechselt.

3. Materialien
Verteilt wurden 30.000 Flugblätter (10.000 waren schon am ersten Tag weg).
Kaffee-Broschüren: 1.800 gedruckt (davon ca. 1.000 an andere Städte geliefert).
Plakate: gedruckt 31.500 (davon noch ca. 8.000 übrig!). Die Plakatabnahme der einzelnen Regionalstellen war ziemlich unterschiedlich: Hamburg allein 5.000, andere ausgesprochen wenig.
Kaffee: Nachdem klar war, daß der Kaffee bei der GEPA knapp sein würde, haben wir für Köln wesentlich weniger bestellt als ursprünglich geplant, und auch bei der Aktion den Schwerpunkt nicht auf den Kaffeeverkauf gelegt.
Insgesamt wurde Material für 9.000,— DM verkauft (darin enthalten 350 Kilogramm Kaffee). Die Boykott-Broschüren gingen ziemlich schlecht, waren aber für uns für die Vorbereitung der Aktion wichtig.

4. Medien
Selbsterstellte Beilage zum 'Kölner Volksblatt' extra zur Kaffeeaktion. 7.000 Stück als Beilage zur Zeitung, 3.000 Stück zusätzlich in Köln verteilt, 4.000 für Knipperdolling, Münster. Resonanz in der übrigen Presse ausgesprochen schlecht (war wohl nicht spektakulär genug). Westdeutscher Rundfunk: ein Interview am Dienstag im 'Morgenmagazin' (sechs Minuten zur Kaffeeaktion), ein etwas längeres Interview aufgezeichnet von 'Daheim und unterwegs' für spätere Sendung zu Kaffee allgemein.

5. Nicaragua-Kaffee
Im Zusammenhang mit der Aktion wurden mehrere neue Verkaufsstellen eingerichtet (Buch- und Bioläden, Kneipen...); vorher Verkauf nur im Dritte Welt Laden. Netz könnte langfristig ohne Schwierigkeiten ausgebaut werden, wenn genug Kaffee vorhanden, wobei allerdings noch die Frage geklärt werden muß, ob die Läden Rabatte erhalten sollen oder (Vorschlag von uns) nur auf Kommissionsbasis arbeiten und den Kaffee über die örtlichen Dritte Welt Läden beziehen. Man könnte sich dann auf ein gemeinsames Projekt einigen, an das die Gewinne aus dem Kaffeeverkauf überwiesen werden. Sollte noch mit der GEPA diskutiert und auf dem Bundestreffen besprochen werden.

Gesamteinschätzung
Positiv war vor allem, daß durch die Aktion die Zusammenarbeit mit einigen anderen Gruppen in Köln, zu denen bislang wenig oder kein Kontakt bestand, verbessert wurde, und daß überraschend viele, die bisher noch keine Dritte Welt-Arbeit gemacht hatten, bereit waren, sich aktiv daran zu beteiligen (insgesamt ca. 120 Leute an den drei Tagen). Die Reaktion auf der Straße wurde, wie gesagt, ziemlich unterschiedlich eingeschätzt, insgesamt aber weniger durchschlagend als angenommen. Die organisatorische Durchführung der Sache war wesentlich mehr Arbeit als erwartet. Negativ ausgewirkt hat sich aber vor allem die viel zu spät einsetzende inhaltliche Diskussion der gesamten Aktion ('Boykott' oder Informationstage, kurzfristige Aktion oder längerfristige Perspektive, welche Rolle spielt der Kaffeeverkauf, wo liegen die Schwerpunkte der Aktion,Landreform in El Salvador und Rolle der USA sind zum Beispiel in fast allen Materialien ziemlich ins Hintertreffen geraten...).

Fortsetzung der Aktion
In Köln geplant: Treffen der Verkaufsstellen; Abschätzung, welche Mindestmengen in Zukunft kontinuierlich verkauft werden können; Gespräch darüber mit der GEPA. Bis zum Herbst einmal im Monat ein Treffen mit allen Teilnehmern der Kaffeeaktion: Informationsabende zu Lateinamerika, weitere Diskussion der Kaffeeaktion (Gegenflugblatt von Tchibo; eventuell Fortsetzung / Wiederaufnahme der Aktion im Herbst und Ideen dazu ...).
Weitere Fragen an die GEPA: Rabatte für Bioläden (siehe oben), Qualität des Kaffees (offensichtlich vielen zu stark geröstet), und vor allem: Inwieweit ist die GEPA interessiert, bereit und in der Lage, ihren Kaffeeimport aus Nicaragua langfristig zu erhöhen?" (2)

Die bundesdeutschen Kaffeekonzerne reagierten erstaunlich nervös auf den Kaffeeboykott: Obwohl er ihrer Marktstellung keinesfalls hätte gefährlich werden können, machten sie sich die Mühe, häufig vor ihren Filialen gegen die Aktion gerichtete Flugblätter zu verteilen. Im folgenden dokumentieren wir ein Flugblatt des Deutschen Kaffeeverbandes, das dieser verteilen ließ und das durch seine Ungenauigkeiten und Halbwahrheiten zu Erstaunen Anlaß gibt.
An drei Punkten läßt sich verdeutlichen, daß die Argumentation des Deutschen Kaffeeverbandes falsch ist.
Zum ersten Punkt des Papiers vermerkt die "Frankfurter Rundschau": "Richtig daran ist zumindest, daß das jetzt in London auszuhandelnde Quoten-Abkommen von den einzelnen Regierun-

ON···INFORMATION···INFORMATION···
FORMATION···INFORMATION···INFORM
ATION···INFORMATION···INFORMATIO

Wem hilft ein Kaffee-Boykott?
Jeder Boykott gegen Kaffee trifft die Bevölkerung der Anbauländer und hilft niemandem. Denn:

1. Den Kaffee-Preis bestimmen die Regierungen.
Nicht die sogenannten Kaffee-Konzerne bestimmen den Kaffee-Preis, sondern die Regierungen der Herkunfts- und Verbraucherländer durch ein internationales Abkommen. Dadurch werden konstante Kaffee-Preise gewährleistet, die den vom Kaffee-Export abhängigen Entwicklungsländern einen ausreichenden Lebensstandard garantieren.
Der Ostblock ist diesem Abkommen übrigens nicht beigetreten und zahlt ca. 30% weniger!

2. Eine Importbeschränkung ist nicht möglich.
Das internationale Abkommen bestimmt auch die Exportmengen der kaffeeproduzierenden Länder. Diese Regelung garantiert den Anbau-Ländern die Abnahme der Kaffee-Ernte zu gleichbleibend stabilen Preisen.
Es ist somit den europäischen Ländern nicht möglich, aus einem Land erheblich mehr Kaffee einzuführen und aus einem anderen gar nichts.

3. Der Kaffee-Export ist Sache der Regierungen und nicht der sogenannten Kaffee-Konzerne.
Der Kaffee-Export wird in Ländern wie El Salvador und Nicaragua gleichermaßen vom Staat organisiert und kontrolliert. Es gibt in diesen Ländern keine Großkonzerne, die den Kaffee-Export regulieren.
Die Situation der im Kaffeeanbau tätigen Menschen in diesen Ländern ist nahezu gleich.

4. Der Lebensstandard ist vom Kaffee-Export abhängig.
Der Lebensstandard aller kaffeeproduzierenden Länder ist wesentlich von den Export-Erlösen des Kaffees abhängig.
Der Kaffee ist in diesen Ländern gleichermaßen der hauptsächliche Devisenbringer.
Ein Boykott würde die dringend notwendigen Deviseneinnahmen der Länder gefährden und somit weltweit nur deren Bevölkerung treffen.

Der Deutsche Kaffeeverband.

(2) Dritte Welt Laden Köln-Niehl, Informationen zum Kaffee-Boykott. Köln 1981

gen unterzeichnet werden muß. Richtig ist aber auch, daß ohne die großen Drei des deutschen Marktes — Jacobs, Tchibo und Eduscho, die zusammen rund 60 Prozent Marktanteil haben — in Sachen Kaffee hierzulande kaum etwas läuft." (3) Der Deutsche Kaffeeverband als Organ der Kaffeeindustrie benennt Vertreter, die in der Internationalen Kaffeeorganisation die Interessen seiner Mitglieder einbringen. Die Unterschrift der Bundesregierung — erbracht durch das Bundesfinanzministerium — hat formellen Charakter, da sie sich in der Regel den Vorschlägen des Deutschen Kaffeeverbandes anschließt.

Cuno Rothfos, der Vorsitzende des Deutschen Kaffeeverbandes, ist Ehrenkonsul von El Salvador. Die Behauptung im zweiten Punkt der Stellungnahme, daß es den europäischen Ländern nicht möglich ist, "aus einem Land erheblich mehr Kaffee einzuführen und aus einem anderen gar nichts", ist schlicht falsch. Die einzelnen Verbraucherländer entscheiden selbst, aus welchen Ländern sie Kaffee importieren wollen. Grenzen sind ihnen nur gesetzt in der Höhe der Exportquoten. Aber auch hier haben die Verbraucherländer mittelbar Einfluß, da sie gemeinsam mit den Produzentenländern die Höhe der Exportquoten festlegen. Es ist eine freie Entscheidung der bundesdeutschen Kaffeeimporteure, Kaffee aus El Salvador in einer solchen Menge einzukaufen. Über eine Neufestlegung der Exportquoten wäre es durchaus möglich, mehr Kaffee aus Nicaragua zu beziehen und den Import aus El Salvador zu drosseln.

Die Aussagen im dritten Punkt des Papiers sind erschreckend, weil sie bewußt die politische Dimension ausklammern. Als der Deutsche Kaffeeverband die Gegendarstellung verfaßte, herrschte in El Salvador eine Militärdiktatur, unter der die Bevölkerung aufs schlimmste litt. "Die wenigen Kaffeekleinbauern jedoch, die es in El Salvador bisher noch gab, sind nach Angaben von Beobachtern inzwischen entweder geflohen, ermordet oder trauen sich nicht mehr auf ihre Felder." (4) In Nicaragua hatte die sandinistische Regierung unmittelbar nach dem Sturz der Diktatur Somozas damit begonnen, gerade die Situation der armen Bevölkerungsschichten zu verbessern, durch eine Agrarreform, eine Alphabetisierungskampagne und Gesundheitsprogramme. Die Situation der im Kaffeeanbau tätigen Menschen als "nahezu gleich" zu bezeichnen ist eine bewußte Verdrehung der Realität.

Der "alternative" Kaffeehandel

Der "alternative" Kaffeehandel ist eigentlich keine echte Alternative zum kommerziellen Kaffeehandel. Dafür ist er viel zu klein. Er kann allerdings in kleinem Maßstab versuchen, so glaubwürdig wie möglich Alternativen zu praktizieren, um eine Diskussion über die notwendigen Änderungen im Kaffeehandel in Gang zu bringen.

In Dritte Welt Läden, von Aktionsgruppen und Solidaritätskomitees wird "Kaffee aus Nicaragua", "Fedecocagua-Kaffee" aus Guatemala und "Kaffee aus Tanzania" angeboten. Dieser Kaffee kommt aus Ländern, die sich aus (neo-)kolonialer Abhängigkeit lösen (Tanzania, Nicaragua), oder von Produzenten, die zur Selbsthilfe greifen wollen (Genossenschaftsföderation Fedecocagua in Guatemala).

Die Gesellschaft zur Förderung der Partnerschaft mit der Dritten Welt (GEPA) bevorzugt Partner, die einen angemessenen Gewinnanteil an die Kleinbauern weiterleiten (zum Beispiel Tanzania), wo große Plantagen eher Ausnahme sind.

Die GEPA bevorzugt Länder, deren Regierungen (Tanzania, Nicaragua) bzw. deren Mitglieder in einer Genossenschaftsföderation (Guatemala) erkannt haben, daß die Erlöse aus dem Kaffeegeschäft auch dazu genutzt werden müssen, langfristig die Abhängigkeit vom Kaffee zu verringern. Obwohl sie dringend auf Devisen bzw. auf die Einkommen aus Kaffee zur Existenzsicherung angewiesen sind, machen sie Anstrengungen, den Kaffeeanbau zu verringern und den gewonnenen Boden für den Anbau von Grundnahrungsmitteln (Bohnen, Reis und Mais) zu verwenden. (Rest-) Einkünfte, die vom Staat einbehalten werden (Nicaragua, Tanzania), werden für sinnvolle Entwick-

(3) "Frankfurter Rundschau" vom 1. November 1982

(4) "Frankfurter Rundschau" vom 1. November 1982

lungsmaßnahmen eingesetzt, so zur Förderung des Nahrungsmittelanbaus für den Eigenbedarf, oder eben zur Gewinnung der Selbstbestimmung. Der Raubbau an der Natur, besonders durch den Kaffeeanbau, soll durch eine bessere und qualifiziertere technische Hilfestellung reduziert werden. Bei Fedecocagua in Guatemala werden auch Anstrengungen unternommen, die vom Kaffeeanbau abhängigen Kleinbauern in anderen landwirtschaftlichen Bereichen anzusiedeln, um ihnen den Ausstieg aus der Kaffeeproduktion zu erleichtern. Die GEPA möchte diese Anstrengungen, die die Produktion notwendigerweise verteuern, mit einem höheren Preis als handelsüblich und durch "bessere" Handelsbeziehungen unterstützen, so daß die Kaffeeproduzenten langfristig eine Perspektive haben. Die GEPA kann ihren Partnern auch nur relativ bessere Handelsbeziehungen anbieten, da sie selbst nur ein "kleiner" Handelspartner ist, der nur innerhalb einer bestimmten Größenordnung Hilfe leisten kann, da sie selbst den Zwängen des Wirtschaftssystems unterworfen ist. Für die Preisfestsetzung des Kaffees bildet zwar auch der Weltmarktpreis die Grundlage. Im Kaffeejahr 1981/82 lag der GEPA-Abnahmepreis laut Jahresbericht von ENCAFE, der staatlichen Vermarktungsstelle für Kaffee in Nicaragua, etwa 20 Prozent über dem durchschnittlich von ENCAFE erzielten Verkaufspreis an westliche Industrienationen. Etwa die Hälfte dieses Mehrpreises wird für die Verbesserung der Situation der Kleinbauern verwandt. Aus dem Kaffeejahr 1981/82 beispielsweise hat die nicaraguanische Partnerorganisation ENCAFE den Mehrpreis in Höhe von 80.262,— US-Dollar an die Nationale Union der Landwirte und Viehzüchter UNAG weitergeleitet. Aus dem Kaffeejahr 1982/83 fließen weitere 70.095,— US-Dollar Mehrpreis an die UNAG. Mit den Beträgen aus dem Kaffeejahr 1981/82 wurden in den Kaffeeregionen Matagalpa und Jinotega Weiterbildungskurse für 300 Genossenschaftsmitglieder finanziert. Weiterhin wurden 26 Genossenschaften mit landwirtschaftlichen Geräten versorgt und für sechs weitere Genossenschaften ein Lastwagen gekauft. Die GEPA kauft ihren Kaffee direkt ein, ohne Einschaltung eines Rohkaffeehändlers oder eines Agenten. Die GEPA kann gewährleisten, daß durch den Direktimport der profitorientierte Zwischenhandel und die sonst üblichen Termin- und Spekulationsgeschäfte ausgeschaltet werden. Faire Handelsbeziehungen sind die Grundlage der Beziehungen zwischen GEPA und den Kaffeeproduzenten bzw. deren Interessenvertretern. Die GEPA kauft nicht nur dann, wenn der Weltmarktpreis niedrig ist, sondern vereinbart durch Verträge schon vor Anfang eines neuen Kaffeejahres garantierte Abnahmemengen für das kommende Kaffeejahr zu festgesetzten Lieferterminen. Höhere Einkaufspreise und eine Mindestpreisgarantie vervollständigen die Abmachung.

Wer den Kaffeeproduzenten einen besseren als den üblichen Preis zahlt, muß den Kaffee auch teurer verkaufen. Die Anzahl der Leute, die bereit sind, einen höheren Preis für den Kaffee zu zahlen, ist begrenzt.

Eine Ausweitung des "alternativen" Kaffeehandels ist auch deswegen nur in kleinerem Rahmen möglich, weil den "alternativen Kaffeehändlern" das Kapital fehlt. Der "alternative" Kaffeehandel verändert also nicht viel — höchstens punktuell. Auch der GEPA ist klar, daß der Verkauf des Kaffees an den Machtstrukturen des Welthandels nichts, aber auch gar nichts ändert. Es werden aber konkrete Erfahrungen über die Situation der vom Kaffee abhängigen Produzenten und über den Kaffeemarkt bei uns gemacht. Kaffee ist eine politische und pädagogische Ware, mit der die Informationsarbeit über Zentralamerika und Tanzania und über Kaffee als Welthandelsprodukt für viele Dritte Welt Gruppen und Solidaritätskomitees erleichtert wird. Eine breite Öffentlichkeit über die Problematik des Kaffees zu informieren heißt, den Boden für einen gerechteren Handel mit Kaffee vorzubereiten.

Kaffee aus Nicaragua

Mit dem Sturz Somozas 1979 hat sich an der Bedeutung des Kaffees für die nicaraguanische Wirtschaft

nicht viel geändert, wohl aber an den Strukturen im Lande. Noch ist das Land dringend auf die Erlöse aus dem Export von Baumwolle, Rohrzucker und vor allem Kaffee angewiesen. Langfristig soll die Abhängigkeit von diesen Monokulturen jedoch abgebaut werden. Der Staat garantiert den Kaffeebauern einen Mindestpreis, obwohl der Kaffeepreis am Weltmarkt stark schwankt. Die Situation der Landarbeiter wurde durch die Bildung einer Landarbeitergewerkschaft, durch höhere Löhne, menschenwürdige Unterkünfte und Kindergärten verbessert. Eine Agrarreform, die Alphabetisierungskampagne und umfassende Gesundheitsprogramme helfen mit, die Ziele der sandinistischen Regierung zu verwirklichen: Nahrung, Arbeit, Bildung, Gesundheit und Freiheit von Angst gerade für die armen Bevölkerungsschichten.
Im Import von Kaffee aus Nicaragua sieht die GEPA einen Beitrag, den Nicaraguanern auf ihrem neubeschrittenen Weg eine Hilfestellung zu geben.

Fedecocagua-Kaffee aus Guatemala

Selbstbestimmung und gerechte Entwicklungschancen für die Kleinbauern und Landarbeiter Guatemalas sind das Ziel, mit dem Fedecocagua, ein Zusammenschluß kleinbäuerlicher Genossenschaften, angetreten ist. Angesichts der Situation in Guatemala ist diese Arbeit außerordentlich schwierig: Die besten Ackerböden gehören Großgrundbesitzern und multinationalen Konzernen, die darauf Erzeugnisse für den Export produzieren, während die Masse der Bevölkerung nicht weiß, wovon sie morgen ihren Lebensunterhalt bestreiten soll. Jeder Versuch der Selbstorganisation wird unterdrückt.
Fedecocagua versteht sich als Interessenvertretung kaffeeproduzierender Kleinbauern, berät diese in landwirtschaftlichen Fragen, führt vielfältige Bildungsprogramme zur Stärkung der Genossenschaften durch und versucht, einen gerechten Preis für den Kaffee zu bezahlen.
Da die guatemaltekische Regierung einen bestimmten Prozentsatz des Ausfuhrpreises (Mai 1983: ca. 15 Prozent) als Exportsteuer kassiert, stellt sich die Frage, ob die damit ungewollt geleistete Unterstützung der guatemaltekischen Militärdiktatur zu verantworten ist. Die Antworten auf diese Frage sind unterschiedlich. Sicherlich ist aber die Bedeutung einer "legalen" Bildungsarbeit, wie sie Fedecocagua leistet, nicht zu unterschätzen. Mit Kaffee von Fedecocagua wird also nur eine Form politischen Handelns, wie sie heute in Guatemala nötig ist, unterstützt. Parallel dazu müssen Möglichkeiten und Wege gesucht werden, die guatemaltekische Bevölkerung bei ihrem Kampf um Selbstbestimmung zu unterstützen.

Kaffee aus Tanzania

Tanzania versucht einen eigenständigen Weg der Entwicklung, die der Mehrheit des Volkes dienen soll. Die Regierung hat den Willen, dieses Ziel möglichst aus eigener Kraft zu erreichen. Dazu gehört auch das Bestreben, sich nicht zu sehr in das internationale System der Arbeitsteilung einzwängen zu lassen, das den Entwicklungsländern mehr Nach- als Vorteile bringt. Sich aber wirtschaftlich völlig abzukapseln ist nicht möglich. Tanzania ist auch für afrikanische Verhältnisse ein wirtschaftlich armes Land. Doch trotz krasser Armut der Bevölkerungsmehrheit sind verhungernde Menschen, Elendsviertel in den Städten oder Landflucht kaum zu finden. Das heißt nicht, daß Tanzania keine Entwicklungsprobleme aufzuweisen hat. Ineffizienz des Staatsapparates, Korruption und ein Geld verschwendender Krieg mit Uganda sind Beispiele für Fehlentwicklungen in diesem Land. Mit den bescheidenen Mitteln, über die es verfügt, fördert Tanzania vor allem die landwirtschaftliche Entwicklung. In Gemeinschaftsdörfern (*Ujamaa*) und genossenschaftsähnlichen Zusammenschlüssen von Kleinbauern werden Nahrungsmittel für die Eigenversorgung und andere landwirtschaftliche Produkte erzeugt.
Tanzania kann sich nicht ausreichend mit Nahrungsmitteln selbst versorgen. Um zusätzliche Nahrungsmittel sowie Öl und Maschinen einführen zu können, müssen Kaffee, Tee, Baumwolle

und Sisal verkauft werden. Etwa ein Drittel der Devisen verdient Tanzania durch den Kaffee-Export. Fast jeder zehnte Tanzanier lebt überwiegend von diesem Produkt. Vier Fünftel des Kaffees werden von etwa 270.000 Kleinbauern geliefert, die im Durchschnitt 1,2 Hektar Land (*Shambas*) ihr eigen nennen. Sie arbeiten in dörflichen Genossenschaften, dort werden sie beraten und erhalten für ihre Lieferungen einen staatlich festgesetzten Mindestpreis. Aufgrund der Abhängigkeit vom niedrigen Weltmarktpreis ist der Spielraum der Regierung, die Kaffeebauern zu unterstützen, allerdings eng begrenzt.
Früher, als Tanzania (ehemals Tanganjika) deutsche Kolonie war, diente der Handel mit Kaffee, Baumwolle und anderen Rohstoffen einseitig dem deutschen "Mutterland". Auch heute haben die Industrieländer bzw. ihre multinationalen Konzerne in der Regel den größten Nutzen davon. Der GEPA-Handel mit Tanzania ist auf Partnerschaft angelegt und soll dazu beitragen, den tanzanischen Entwicklungsweg zu unterstützen.

Ausblick

Wer Kaffee kauft, sieht ihm seine Geschichte nicht an. Nicht die Geschichte der Kaffeebauern, die ausgebeutet werden und für Veränderung kämpfen, und nicht die Geschichte der Regierungen und Konzerne, die diese Ausbeutung instandhalten und sich gegen Veränderung wehren.
Und doch muß diese Geschichte erzählt werden. Sie muß erzählt werden, weil Kaffee ein Beispiel dafür ist, wie es in dieser Welt zugeht.
Die Möglichkeiten der direkten Einflußnahme sind gering. Es bleibt nur die Chance, durch Informationen ein Bewußtsein zu schaffen, das dann auch konkrete Auswirkungen zeigen und Veränderungen bewirken kann.
Aktionsgruppen und Dritte Welt Läden bemühen sich seit längerer Zeit um dieses Bewußtsein. Kontakt zu ihnen aufzunehmen ist ein erster Schritt auf diesem Weg.
Denn diese Geschichte muß erzählt werden.

Verzeichnis der Fotografien und Schaubilder

Fotografien

Schaubilder

Die Schaubilder auf den Seiten 23, 26, 49, 54, 74, 76/77 und 80/81 erstellte Helmut Magel, Wuppertal, Seite 13 gestaltete Rainer Zenz, Wuppertal.
Die übrigen Grafiken wurden aus den in den Quellenangaben genannten Publikationen reproduziert.

Mitherausgeberin dieses Buches ist die GEPA/Aktion Dritte Welt Handel.

D : GEPA, Talstr. 20, 5830 Schwelm
CH: OS3, Rue de la Gare 17, 2605 Sonceboz
A : EZA, Lengfelden 169, 5101 Bergheim

GEPA, OS3 und EZA sind drei Import- und Informationsstellen, die von verschiedenen Entwicklungsorganisationen ihrer Länder gegründet wurden. Sie arbeiten mit Selbsthilfegruppen und Genossenschaften von Arbeitern und Kleinbauern und mit einigen staatlichen Organisationen in Afrika, Asien und Lateinamerika zusammen, um deren soziale und wirtschaftliche Entwicklung zu fördern.
Mit Hilfe ihrer Produkte soll auf Probleme dieser Menschen und ihrer Länder aufmerksam gemacht werden, um die Bereitschaft zu einem solidarischen Verhalten zu stärken.

Importiert werden Kaffee, Tee, Gewürze, Honig, Kerzen, Jutetaschen, Wolle, Baumwolle, Seide, Töpfereien, Flechtereien und Schnitzereien, Gewobenes, Geknüpftes, Gestricktes und Gesticktes und Handbedrucktes. Diese Artikel sowie weiteres Informationsmaterial sind in den Dritte Welt Läden und an Ständen von Dritte Welt Gruppen in vielen Ortschaften und Städten erhältlich. Im Mittelpunkt der Arbeit dieser Bewegung steht die Meinungsbildung zu entwicklungspolitischen Themen durch den Verkauf von Produkten aus der Dritten Welt.

Bernd Merzenich
Gewürze – Konsequenzen des Geschmacks
Gemeinsam herausgegeben mit der Gesellschaft zur Förderung der Partnerschaft mit der Dritten Welt
72 Seiten mit Fotos und Abbildungen sowie einer Gewürztabelle
DM/Fr 12,–
ISBN 3 905482 01 0

Gewürze zählen zu den ältesten Handelsgütern der Welt. Seit Jahrtausenden begehrt, ist aber nur wenig von der hohen Würz- und Eßkultur ihrer Herkunftsländer mit ihnen in unsere Küchen eingezogen.
Das Buch von Bernd Merzenich, das in Anliegen und Ausstattung dem Band „Kaffee – Gewohnheit und Konsequenz“ entspricht, versteht sich nicht als Kochbuch oder Rezeptsammlung. In sechs Kapiteln informiert uns der Autor über Aspekte, die in herkömmlichen Gewürzbüchern eher vernachlässigt werden: Er skizziert die Geschichte der Gewürze, die eine Kolonialgeschichte ist, erläutert den Beitrag von Gewürzen zu unserer Gesundheit und den Zusammenhang von Gewürzen und Ernährung.
Chili, Curryblätter, Currypulver, Fenchel, Gelbwurzel, Ingwer, Kardamom, Koriander, Knoblauch, Krabbenpulver, Kreuzkümmel, Muskat, Nelke, Pfeffer, Piment, Schwarzer Senf, Sesam, Vanille, Zimt und Zitronengras werden ausführlich vorgestellt.

In gleicher Ausstattung:

Jochen Hippler
Honig
Gemeinsam herausgegeben mit der Gesellschaft zur Förderung der Partnerschaft mit der Dritten Welt
80 Seiten mit Abbildungen
DM/Fr 12,–
ISBN: 3 905482 02 9

João Urban
Bóias-frias – Tagelöhner im Süden Brasiliens
Mit einem begleitenden Text von Teresa Urban Furtado
Aus dem brasilianischen Portugiesisch von
Ray-Güde Mertin
112 Seiten mit 143 Fotografien
DM/Fr 28,–
ISBN 3 905482 05 3

Eine halbe Million Tagelöhner findet man allein im Bundesstaat Paraná, größter Agrarproduzent Brasiliens und engere Heimat João Urbans. Amtliche Zahlen sprechen von über 15 Millionen in ganz Brasilien.
Seit 1977 fotografiert João Urban das Lumpenproletariat des modernen Agrobusiness. Seine porträtierten Menschen sind zumeist Landflüchtige aus dem *Nordeste*, dem Armenhaus Brasiliens, die auf den Kaffee-, den Soja- und Baumwollplantagen des Südens sich bessere Lebensbedingungen erhofften. Fotografiert hat João Urban seine *Bóias-frias* mit großer Leidenschaft: Er lebte mit ihnen unter den gleichen Bedingungen, erfuhr, was es bedeutet, sich jeden Tag von neuem zu verdingen und um sein tägliches Brot in den frühen, eiskalten Morgenstunden zwischen fünf und sieben an den improvisierten „Arbeitsbörsen" auf offener Straße zu feilschen, wo Mittelsmänner, die *gatos*, mit dem Schicksal der Tagelöhner zu Tiefstpreisen spekulieren.
Seine Schwester, die Journalistin Teresa Urban Furtado, schrieb den Text, der die Bilder begleitet. Mit großem Einfühlungsvermögen geht sie auf die *Bóias-frias* zu und ergänzt mit dem Wort, was in der Sprache der Bilder nicht zu leisten ist. Die ausdrucksstarken Fotografien, das großzügige Layout und die klare wie bildreiche Sprache machen den Bildband auch als Grundlagenmaterial für Unterricht und Gruppenarbeit einsetzbar.

Den neuen Aufbau stärken

Vordringlichste Aufgabe der Landwirtschaft ist die Versorgung der 2,4 Mio Nicaraguaner mit Grundnahrungsmitteln. Noch ist das Land dringend auf die Erlöse aus dem Export von Baumwolle, Rohrzucker und vor allem Kaffee angewiesen. Langfristig soll die Abhängigkeit von diesen Monokulturen jedoch abgebaut werden. Der Staat garantiert den Kaffeebauern einen Mindestpreis, obwohl am Weltmarkt der Kaffeepreis stark schwankt. Die Situation der Landarbeiter wurde durch höhere Löhne, menschenwürdige Unterkünfte, Kindergärten, eine starke Gewerkschaft u. a. verbessert. GEPA (BR Deutschland), OS3 (Schweiz) und EZA (Österreich) beziehen diesen Kaffee ohne unnötigen Zwischenhandel und Spekulanten direkt von der staatlichen Vermarktungsorganisation ENCAFE. Sie zahlen zuzüglich zum üblichen Weltmarktpreis 10%; dieser Mehrpreis kommt über die nationale Bauernvereinigung (UNAG) den kleinen Kaffeebauern unmittelbar zugute. Sie versuchen so, durch faire Handelsbedingungen und solidarische Hilfe einen kleinen Beitrag zum Neuaufbau zu leisten.

Kaffee aus Nicaragua

Qualitätskaffee erster Güte, ohne Beimischung: 100% Nicaragua Kaffee

Nicaraguas Freiheit ist bedroht

Nahrung, Arbeit, Bildung, Gesundheit, Wohnung, Freiheit von Angst für alle: Diese Ziele in praktische Politik umzusetzen ist eine schwierige Aufgabe für die Menschen Nicaraguas. Die Alphabetisierungskampagne war ein erster wichtiger und erfolgreicher Schritt; eine Neuorganisation des politischen und wirtschaftlichen Lebens sowie die Landreform sind weitere Aufgaben, für die das ganze Volk hart arbeiten muß, um die Zeit der Demütigung und Unterdrückung während der Somoza-Gewaltherrschaft endgültig zu überwinden.

Der eigenständige Weg des nicaraguanischen Volkes wird besonders von der US-Regierung nicht geduldet. Mit militärischen, politischen, wirtschaftlichen und publizistischen Mitteln versucht sie, das Modell Nicaragua in die Knie zu zwingen. Nur durch unsere aktive Solidarität hat das freie Nicaragua eine Chance zu überleben.

... stärken

... der 2,4 Mio Nicaraguaner mit ... Export von Baum- ...

Mindestpreis, ... arbeiter wurde durch höhere ... ke Gewerkschaft u. a. verbessert. GE... reich) beziehen diesen Kaffee ohne unnötigen Zwis... der staatlichen Vermarktungsorganisation ENCAFE. Sie zahlen ... marktpreis 10%; dieser Mehrpreis kommt über die nationale Bauernvereinig... kleinen Kaffeebauern unmittelbar zugute. Sie versuchen so, durch faire Handelsbeding... und solidarische Hilfe einen kleinen Beitrag zum Neuaufbau zu leisten.

Import, Vertrieb und Information:

GEPA
Aktion Dritte Welt Handel
Talstr. 20, D-5830 Schwelm
Telefon: (02336) 10967-69